客家媽媽教你做粿。

Rice

——米食的在地美味

黃春慧◎著

黃春慧

出生成長於苗栗，熱愛烘焙與烹飪，曾任職於私立金樺餐飲補習班中餐烹調、傳統麵食、烘焙食品技術指導老師，以及桃園救國團中餐丙級證照班、傳統早餐班、蛋糕班、烘焙點心班、私房菜班指導老師。

教學之餘，仍不斷進修且精益求精，已考取中餐烹調丙級、調酒丙級、烘焙食品麵包丙級、中式麵食加工水調和麵類發麵類丙級、中式麵食加工酥油皮、糕漿皮類丙級、中式米食加工米粒類米漿型丙級等證照。

■ 現任
現任苗栗縣救國團中西點心糕點班、手作糖果班、月餅伴手禮、年節肉品加工班及苗栗社區大學手作糖果班、手作伴手禮等指導老師。

■ 出版作品
「伴手禮自己做」雅事文化
「一學就會的人氣小西點」膳書房文化

米足真貴，不走味的在地好滋味。

　　這次回娘家找老媽拿大的粿模及一些具有歷史年代的碗盤，有種回到昔日在家的感覺，很溫馨，但也有點傷感，因爲現在年節越來越沒有過節的氛圍，以往逢年過節家家戶戶忙炊粿的情形，現今已不復在，大多數的家裡不再自己蒸年糕，要看到一大籠床的年糕的場景，也只有在夢裡了吧。

　　記得以前每逢過年前幾天(農曆12月25～28除夕前)，總會有許多婆婆媽媽提著水桶，裝著泡好的米來家中磨米漿(因家裡賣早點有磨米機)。而爸媽不管再忙，總是熱心的爲婆婆媽媽們磨米漿，讓她們早點將各式各樣的年糕蒸好。不僅如此，還因爲家中設備太齊全、磨米機、攪拌機、大蒸籠、年糕紙、糖家中通通都有，有的媽媽們乾脆就直接在我們家「加工」完成炊粿做粿的大事。我也總喜歡趁這時候偷吃媽媽們炒的鹹年糕料；包菜包時婆婆媽媽們像是拼速度似的、動作超快，而我總讓她們笑說「摸梭」(慢吞吞)，這些做粿點點滴滴，不只是一種滿足的美味，也是永恆的美味印記。

　　這陣子忙做成品時，聞到漿糊的米香味，讓我有錯覺～過年了。看著大大小小的粿模，也勾起與它們的回憶，還記得大的粿模是爸媽當年幫弟弟打新丁粄時買的，也於21年前幫孫子(我兒子)打過新丁粄。我想，媽媽說的沒錯，一支粿模有好幾代的感情，同時也記錄了生命的延續。

　　這本書讓我好想回到兒時，那生活不富裕卻有人情味的年代。今年我要蒸純米的各式年糕，我要找回我的童年；也希望對糕粿米食一樣懷有特殊情懷的您，也能有滿滿的美味記憶。

黃春慧

Contents
【目錄。】

Rice

亙古飄香的 米食文化。

中國人自古以來即以米為主食，千百年來的歷史文化，就在
環繞米食之中推衍發展，經歷漫長時間的錘煉，不僅形成了
獨有的特色，更成了飲食文化中重要璀璨的一環。

米食與我們的日常生活一直有著緊密聯結的關係，無論是一天的生活、一年的歲月、或是一輩子的生命裡，人生中許多的大小事，熟悉的米香總是密不可分。

　　日常生活中除了有白米飯作為三餐主食外，以米為材料發展出的傳統點心及糕粿類製品更是琳瑯滿目，像是利用粽葉、月桃葉、荷葉為包材，還有把米飯變化外型捏製成糰，以及用包餡的方式，做成各式口味的米食點心，甜鹹粽子、油飯、米糕；製作成可為主食或點心的米粉、米苔目及粿條；以及逢年過節、婚喪喜慶才會有的糕粿類，紅龜粿、鼠麴粿、發糕、甜年糕等，或將米粒膨發製作出的米香，利用蒸熟的糯米搗揉製成的糍粑、麻糬，以及調合不同特性的兩種米製粉類製作而成的紅豆鬆糕等，都是令人溫馨滿足的好滋味。

米食文化與承傳～吃糕粿米食的習俗及時機

米食在中國傳統禮俗裡有相當重要的文化意涵，人的生命週期從出生到年老，傳統禮俗裡都有相應的禮儀習俗，而這些禮俗都與糕粿、米食有著緊密的關係，像是迎馨禮俗(出生、滿月、收涎到周歲)，到成年禮俗(十六歲成年)、婚姻禮俗(訂婚、完聘、完婚)；以及壽辰禮俗(祝壽慶賀)、歲時節慶都會使用到各式的糕粿、米食。

人生喜事

人的生命過程中，從出生、周歲、成年、婚嫁到老死，每個階段都是人生道路上的一個重要的里程碑，在傳統禮俗裡都有相應的禮儀習俗，並會以米為材製作出各式的慶賀米食糕點用來敬天地、拜祖先祈求護佑，以求人生的道路上一路平安健康、長壽富貴。

【迎馨喜事】

傳統生命禮俗中，嬰兒出生的第三天、一個月、四個月及周歲，長輩們按古禮習俗為新到來的嬰兒分別做所謂「三朝」、「滿月」、「四月日」及「度睟」，會分別在這四個階段裡，準備各式具有不同象徵意義的米食製品或糕粿來祀神祭祖或宴請親友等不同慶賀活動，以祈保佑及祝福小嬰兒順利平安長大，另外外公及親友也會贈送上衣物等飾物，祝賀小孩健康長壽，一生圓滿，有美好的未來。

【成年、婚嫁喜事】

在舊有的習俗裡，小孩長大至十六歲即代表著邁入成年，習俗上在十六歲生日這天，都要舉行成人儀式，會準備麵線、粽頭等盛祭，感謝守護神從出生至成人以來的加護；而婚嫁時，除了分送大餅給親朋好友，宣告喜事外，婚宴當天也會大宴賓客，且按傳統上當晚新娘也會吃上新娘圓（成對的湯圓），討喜討吉利，象徵成雙成對、圓滿甜蜜。

【壽辰喜事】

家中年長者的壽辰日，年輕一輩的子孫多會舉行祝壽的活動，像佈置壽堂、準備供品祭拜祖先，並宴請至親朋友，而在壽宴上少不了的就是代表長壽的麵線，以及有象徵長壽的壽桃、壽龜等寓意吉祥的糕點。

節令慶典

　　對於靠天吃飯的先民來說，節氣四時變化與農務作息經驗，自然成了以農為本的先民們的生活重心之一，也因為這密切的關係，先民們逐漸由農耕經驗與季節、時令和物候變化累積發展，推衍出各種的歲時節慶，並在不同的節日按習俗，將平日食用的米加以運用，製做成各式各樣的米食糕粿點心，以用來奉天祭祖祈求護佑、年年五穀豐稔，舉凡：過年祭祖的甜粿、清明掃墓必備的鼠麴粿，以及端午應景的肉粽等等。

【元宵節吃元宵】

　　農曆1月15日是元宵節(上元節)，一般稱為小過年，民間除了有盛大熱鬧的各項慶祝儀式元宵燈會、炸寒單、蜂炮等外，在這期間也會以吃元宵來應節，以祈家福團圓，所謂的元宵，其實外形與湯圓差不多，只不過元宵的形體較大且含有內餡。

【清明節吃清明粿】

　　清明節是紀念祖先的節日，在這天會用有「墓粿」之稱的鼠麴粿來祭拜祖先，而之所以稱作鼠麴粿，是因這種粿裡添有特殊香氣的鼠麴草（客家則加入艾草）故稱之，另外也稱作青草粿、草仔粿或艾草粿。墨綠色的Q彈外皮，包有含蘿蔔絲等配料的鹹餡口味，或紅豆沙甜餡口味，而粿面有印龜模與不印兩種，都有象徵子孫繁榮之意。

【端午節吃肉粽】

　　端午節（農曆5月5日）是為了紀念戰國時期楚國詩人--屈原所發展出來的節日，因此也稱詩人節，在台灣則有午日節、五月節之稱。端午節最為熟知的習俗則為吃粽子、划龍舟，除此，由於端午過後即為暑夏，舊時為避免褥夏的疾病，先民們還有飲雄黃酒以保健平安。

【中元節粿糕】

　　民間習俗上農曆7月俗稱鬼月，7月15日為中元節，習俗上7月一整個月各地方都會舉行大大小小的誦經超度法會，普度無主的孤魂以求保佑家宅平安，而這時家家戶戶都會準備豐盛的祭品來祭拜，而傳統粿糕紅龜粿、芋粿巧、鹼粽等，也都是祭拜鬼神及普渡眾生的必備祭品之一。

【冬至吃湯圓】

　　冬至是二十四節氣中的一個，又稱至節、冬節。冬節當天按民間俗習每家每戶都會起大早來「浮圓仔」（也就是用糖水煮湯圓），以祭祀神明、祖先，並在祭拜完畢，全家團聚一起吃冬節圓，習俗上吃過冬節圓也代表又添一歲了。

【過年吃年糕】

　　台灣年俗中，過年一定要吃年糕，象徵年年高昇的吉祥寓意。炊粿在民間老百姓心中是一件大事，相傳以灶爐蒸年糕時，會有年糕神看護，如果製作的年糕發得好，表示新的一年將會諸事如意，因此老一輩在蒸年糕時都十分慎重，常會在灶上擺放鹽巴、米或艾草以去邪，同時也會禁止小孩們在旁嬉笑或說不吉利的話，以避免觸怒年糕神，讓年糕有久蒸不熟、蒸不好、不發的情形，這樣會影響新的一年不順利。台灣常見的年糕有「甜年糕」（象徵甜蜜圓滿）、菜頭糕(好彩頭)以及發糕(發財)等，每一種年糕分別有其吉祥寓意。

製作糕粿的基本材料。

蓬萊米、在來米、糯米、糯米粉、澄粉…五花八門的米粒、粉類，該用什麼米？用什麼粉？
來製作糕粿才速配？米類、粉末與其他對味的食材一字排開，讓你清楚粿糕用料的底細！

{米類}

【粳米】
即蓬萊米，米粒粗短，粒形飽圓，帶黏性，是我們日常中最慣以食用的米種，也是壽司、各式飯、粥常用的主要米類。

【秈米】
俗稱在來米，米粒細長，粒形扁平，黏性較弱，煮熟後飯粒鬆散、無黏性，是米食製品常用的用料，如碗粿、蘿蔔糕、米苔目、粿條、米粉等。

【黑糯米】
也就是俗稱的紫米、紫糯米、血糯，因糠層外表呈深紫色故稱之。其有著一般糯米的Q彈口感，及獨特米香，且因營養價值高，坊間多作產婦坐月子的滋補主食。

【糯米】
依外形長、短不同，又有秈糯(長糯米)、粳糯(圓糯米)之分，此類米粒的黏性較強，多用於釀酒或製作點心。口感軟黏的圓糯米，多用於製作潮洲粽、甜八寶飯、湯圓、年糕、麻糬，而軟黏帶有彈性的長糯米多用於鹹食，像是油飯、粽子。

{粉類}

【蓬萊米粉】
用蓬萊米加工磨製而成的，其黏度介於糯米粉與在來米粉之間，常用於發糕、芋粿巧、寧波年糕、客家米食及和果子等的製作。

【糯米粉】
用圓糯米加工製成的，其黏度較高，因此製作出的製品黏性也較強較Q，一般市售的糯米粉若未特別註明，即為生糯米粉，常用於中式糕點，如湯圓、麻糬、年糕等的製作。將糯米粉與水依比例調和，即可調製出粉漿，使用上要比將生米磨漿來得省事快速，不過製品的口感風味則較比不上傳統的磨漿製法。

【澄粉】
又稱澄麵、汀粉，是一種無筋的小麥澱粉，由於不含蛋白質，故製作出的麵點具透明特性，廣泛應用於外皮透明的餃類點心，像蝦餃、水晶餃、腸粉、粉果等。

【熟糯米粉(鳳片粉)】
又名糕粉，主要是由糯米經炒熟後碾磨製成，其粉粒鬆散，吸水力強，黏度高，與水拌合即生黏性，所製成的產品軟滑帶黏狀，一般多用於廣式點心、月餅、冰糕皮等的製作。

【在來米粉】
又稱黏米粉，是用在來米經加工碾磨製成的，黏性較小，多用來製作蒸製後質地較呈鬆散的各式中式點心，如碗粿、蘿蔔糕及粿條等。

【黃豆粉】
黃豆粉有熟、生之分別，經過炒製等加工碾磨製成的熟黃豆粉，可直接沖泡或搭配其他飲品，或用於點心表面的沾裹；生黃豆粉則較常用於傳統糕點的製作。

{糖類}

【麥芽糖】
又稱麥芽膏，帶有甜味麥香及黏結性，大多用於餡料的調製，用於菜餚也有增其色香味的作用。

【黑砂糖露】
黑糖風味的糖漿，香醇可口、風味獨特，常加入糕點、料理等各式美食增添風味或作為淋醬使用。

【水麥飴】
有呈透明輕糖度的水麥飴，以及糖度較高顏色較金黃的麥芽糖之分，多用於糖果、糕餅類製作，具有柔軟及焦化的作用。

【黑糖】
又稱紅糖，是一種未經提煉的純糖，含有豐富的鐵及其他微量的元素，營養價值高，具有獨特的香甜味，常運用於特殊風味及顏色較深的產品上。

【細砂糖】
最常使用的糖類，依顆粒的粗細大小，有特砂、細砂糖的分別。顆粒細小的細砂糖，可快速的與其他材料融解均勻，是常使用的甜味材料之一。

【二砂糖】
又稱金砂糖，顆粒較細砂糖粗，含有少量的礦物質及有機物，適用於顏色較深的糕餅。

【糖粉】
又稱「糖霜」，是由細砂糖磨粉添加少許玉米澱粉而成，具有防止結塊以及細緻的特點，常運用於糕點表面的撒粉裝飾。

{米乾＆乾品}

【日式米果粒】
類似米乾的日式米果粒，是由米粒加工製成，多用於製作米香、米果或製作巧克力過程中添加，以豐富口感，也可以直接食用。

【煮熟艾草/乾燥艾草】
艾草與台語鼠麴草類似，不過艾草的香氣要鼠麴草的更濃郁，市售的艾有生鮮的，也有煮熟的，通常多用於製艾草粿（或鼠麴粿）、艾粄等傳統粿糕點心。

【白、黑芝麻】
芝麻有白、黑之分，含有豐富的營養，可直接食用，製成醬料或榨成油類烹調。經烘烤研磨細，也可以當成餡料或成製麵點產品；也可灑在點心表面沾裹裝飾使用。

{蜜餞類}

【果乾蜜餞】
各式糖漬水果，如罐裝水蜜桃、鳳梨片，以及葡萄乾、黑棗、金桔餅各式果乾餞等都是豐富口感風味，增添色彩相當好用的用料。

【添加用料】

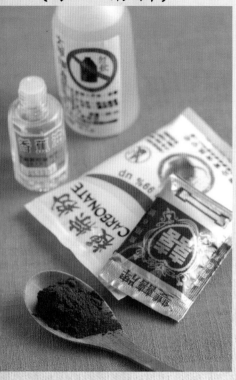

【鹼油】
又稱粳粽油，是由重質純鹼、水、焦糖製成，多用於鹼粽的製作。

【香蕉油】
香蕉油，是一種食品添加劑，味道特殊，可增添食品的香味，常見於傳統古味的製品年糕、古早冰品及香蕉飴的使用。

【粳粽粉】
又稱粳粉、鹼粉，帶有特殊的味道，包鹼粽時加粳油或粳粉，會讓鹼粽呈金黃半透明色，能讓鹼粽具有QQ的口感。

【紅色色素6號】
可食用的紅色6號色素，有粉狀與液狀，可視實際需要適量添加於各類食品使用。

【紅麴粉】
炙手可熱的健康養生食品，可用來增添製品的風味，像摻入米漿或漿糰內拌揉均勻，加工製作成發糕、麵條等米麵類食品等。

【腸衣】

用來填充肉品製作成腸類製品的腸衣，一般常使用的有天然豬腸與人工腸衣等，可依加工及烹調的不同來選擇使用。

【油脂類】

【白油】
俗稱化學豬油或氫化油，是油脂經氫化加工製成的一種無臭無味，白色固體油脂，安定性佳，可代替奶油或豬油使用。

【沙拉油】
由黃豆中提煉出來的一種植物性液態油，淡黃色透明狀，在高溫下易變暗與黏稠，故油炸食品時要經常換油。

【豬板油】
豬板油，也就是俗稱的成塊肥油脂，出油率高，一般多被用來油炸熬製成豬油使用，是製作很多點心、菜餚不可或缺的重要材料。

【豬油】
用豬脂精製熬煉的，顏色潔白，呈液體狀，天冷時為凝結狀，融合性佳，具有天然香味，是中式點心常使用的油脂。

【粿、粽包材】

【香蕉葉/月桃葉】
是早期做粿時，最常被用來鋪墊糕粿的墊葉，新鮮的香蕉或經曬乾使用時再過沸水汆燙軟使用的皆可使用，利用香蕉葉或月桃葉鋪底，不僅天然，蒸製後更可將墊葉的清香味道沁入糕粿中。

【桂竹葉、麻竹葉】
桂竹葉的外型狀似桂竹筍殼般，且帶有股竹筍的香味，適合用於蒸煮類的粽子；麻竹葉香味濃郁，泡水後會有油綠般的色澤。

【粽繩】
包好的粽子，要用綁繩來固定，才能進行熟製，一般廣於使用的綁繩為綿線，或麻編的細繩，挑選時可用手略微拉扯試試，易斷裂者，品質較差。

製作糕粿的基本器具

量秤用具、蒸煮炊具，以及各種製作糕粿米食基本的用具，都是製作美味糕粿米食的好幫手，備妥基本的器具後，就可以動手開始製作囉！

{度量用具}

【量匙】
用來量取少量的粉類、液體材料使用，常見的量匙規格通常為：1大匙(15毫升)、1小匙(5毫升)、1/2小匙(2.5毫升)、1/4小匙(1.25毫升)4件組成套。

＊容積單位
1大匙＝3小匙＝15毫升
1小匙＝5毫升

【量杯】
常見的材質有不鏽鋼、鋁製、塑膠、玻璃製等材質，主要用來量取粉類或液態類的材料。1量杯約為240毫升，一般所見量杯的刻度為1杯、3/4杯、1/2杯、1/4杯。

＊容積單位
1杯＝240毫升

【電子秤】
以1g為單位來標示的數位電子秤，準確又好操作、易判讀，不論是用來量測液態或固態的食材都十分方便。

＊容積單位
1公斤＝1000公克
1台斤＝600公克＝0.6公斤＝16兩
1兩＝37.5公克

{磨製機具}

【磨漿機】
用來磨製豆類、米穀類等，可快速將材料研磨成漿，是製作漿粿、豆漿等製品的好幫手。

{攪拌器具}

【鋼盆】
用來打蛋，或作為裝盛材料、拌合的容器使用；圓底無死角的盆底，可方便材料的拌合或打發。

【打蛋器】
有螺旋及直立式兩種打蛋器，常搭配鋼盆來攪拌材料，可方便將蛋類等液體材料攪打濃稠。

【攪拌機】
省時省力的攪拌機具，一般附有螺旋鉤狀、槳狀及球狀三種攪拌器，可視用途搭配使用，攪拌漿粿糰時一般較常用的為螺旋鉤狀及槳狀為主(多適用於麵糊類的攪拌)。

【軟刮板/切麵刀】
一般常見的刮板有塑膠、不鏽鋼製的材質，形狀上則有彎形、梯形、半方圓形分別，軟刮板適用於拌合、抹平麵糊、刮淨攪拌器，或是表面鮮奶油的修飾；至於不鏽鋼製的切麵刀則多用於麵糰材料的切拌混合，及切割、整型等。

{篩濾用具}

【大小漏杓】
汆燙、浸滷或油炸的時，藉由漏杓可快速撈起鍋內的食材。油炸小濾網，可用來撈除油鍋內殘留的炸屑，保持炸油的清澈，可讓油炸物不易變黑。

【濾網網篩】
有粗細網之分，主要是用來過篩粉類，避免讓粉類與其他材料攪拌混合時，有結塊拌不均勻的情形，也常用來過濾液體濾除雜質及氣泡，讓製品質地細緻。

{熟製器具}

【蒸籠】
製作中式點心時不可或缺的熟製用具，依材質來分有竹製、鋁製、不鏽鋼製等。每種材質蒸籠各有優缺，像鐵製蒸籠，雖然易清洗，不會長霉，但缺乏竹製蒸籠有吸水汽及散發竹香的優點。目前最為普遍使用的為質輕，易輕洗，也好收藏的鋁製、不鏽鋼製的蒸籠。

【木飯桶／木飯匙】
木頭製的炊飯煮具，木桶的吸水性佳，可以吸收多餘的水分，可讓米粒保持Q度，並讓煮好的米飯帶有木頭的清香味。

{各式模具}

【筒仔米糕模型】
筒狀鐵製模型，導熱性快，可用來製作筒仔米糕，或輔助其他料理造型用。

【肉丸盛盤】
用來盛裝做好待熟製的肉丸漿糰，使用前要先薄塗上一層油避免沾黏。

【塑膠飯匙】
除了用來盛飯，也可以用於製作肉丸時舀盛米漿鋪鋪、表面整型使用。

{灌腸器}

用來灌腸類，像糯米腸、香腸等製品，相當方便。

{糕粿餅模}

【粿模】
又稱粿印或餅印,是製作糕粿時所使用的印模工具。粿模的規模有大有小,圖案的樣式會也因點心種類而有不同圖紋,使用前多會於粿模表面先薄抹上沙拉油避免沾黏,常見的粿模有壽龜、壽桃、魚及錢銅等造型。

【糕餅模】
傳統的糕餅模具,主要用來製作豬油糕、杏仁糕等這類中國傳統風味的糕點。

【壓擠式月餅模】
簡便好操作,易脫模,且製作出的花紋明顯。成組含括基座以及不同的樣式圖案可供變化,非常適合初學者使用。

{鋪墊用具}

【紗布(粿巾)】
可用於麵糰靜置發酵時覆蓋使用,或者鋪墊蒸籠內來防止沾黏。使用後的粿巾要搓洗乾淨、曬乾收妥。

【糯米紙/蒸籠蠟紙】
呈透明薄膜狀,遇水即會糊化的糯米紙,多用於包覆糖果或鋪墊粿糕的底,具有防黏及防潮的作用。

{米苔目板、刨絲器}

米苔目板是用來搓擦漿糰,將漿糰藉由米苔目板的來回搓擦形成長條米苔目;刨絲器,主要可用來刨削芋頭簽用。

{桿麵用具}

【桿麵棍】
有各種長度以及粗細大小,主要是用來桿平麵糰,也可以用來攪拌混合較燙的材料時使用。

包藏其中的各式內餡。

包藏皮下的內餡，不論是鮮香汁多或柔潤順口，
那股迷人的滋味，總讓人忍不住想多吃上幾口。

【地瓜餡】

材料：地瓜600g、細砂糖200g、沙拉油(或奶
油)適量

作法：將地瓜洗淨連皮烤熟，挖取出地瓜肉
後，趁熱加入細砂糖充分攪拌均勻，再加入
沙拉油(或奶油)拌勻調整軟硬度。

【紅豆沙】

材料：紅豆600g、二砂糖900g

作法：紅豆洗淨，泡水4小時後，加滾水煮
開，燜約20分鐘倒掉苦水，再加入1200g的熱
水中煮開後小火燜煮60分鐘左右(至紅豆軟
透)，加入二砂糖拌勻、用小火續煮，邊拌邊
煮至水分收乾即可。

適用：可用來包豆沙包或日本糍粑，不適合
於包月餅。

【芋頭餡】

材料：芋頭600g、細砂糖200g、沙拉油(或奶
油)適量

作法：將削皮切片後的芋頭，蒸熟，取出後
趁熱加入細砂糖充分攪拌均勻，再加入沙拉
油(或奶油)拌勻調整軟硬度。

【花生糖粉】

材料：花生粉100g、糖粉50g

作法：調拌混合均勻即可。

適用：沾裹麻糬用。若拌上適量沙拉油揉至
均勻即成花生內餡。

【芝麻糖粉】

材料：黑芝麻粉150g、糖粉50g

作法：調拌混合均勻即可。

適用：沾裹麻糬用。若拌上適量沙拉油揉至
均勻即成花生內餡。

自製美味的基本沾料。

沾料可是美食小吃不可或缺的美味元素，少了沾料雖說不損及原有的美味，但就是少了那麼一味，經典好用的搭配沾料，樸實卻超好用的基礎沾料，讓你就這醬，美味沾著吃～

【紅醬】
材料：在來米粉30g、細砂糖20g、紅糟醬30g、水200g
作法：將所有材料拌煮開即成。
適用：肉丸。

【味噌醬】
材料：在來米粉30g、細砂糖20g、辣醬30g(辣醬作法如下)、水200g
作法：將所有材料拌煮開即成。
適用：肉丸。

【蒜蓉醬油膏】
材料：在來米粉30g、細砂糖20g、薄鹽醬油50g、水200g、蒜蓉30g
作法：將所有材料拌煮開，待涼加入蒜蓉拌勻即成。
適用：肉丸、肉粽、芋丸、南部碗糕等。

【鰹魚風味醬】
材料：在來米粉(或糯米粉)30g、鰹魚調味料5g、味醂30g、醬油20g、水200g
作法：將所有材料拌煮開即成。
適用：肉丸、芋丸等。

【海山醬】
材料：在來米粉30g、細砂糖30g、醬油20g、番茄醬20g、米醬20g、辣椒粉少許、水300g
作法：將所有材料拌煮至沸騰均勻即成。
適用：肉丸、肉粽、芋丸等。

【辣醬】
材料：味噌100g、二砂糖40g、水50g、蒜頭20g、辣椒20g
作法：將味噌、二砂糖與水先煮至沸騰，完全溶解，放涼，再與處理好的蒜頭、辣椒放入調理機內攪打均勻成泥狀即可。
適用：肉丸。

【白醬】
材料：在來米粉30g、細砂糖20g、鹽少許、水200g
作法：將所有材料拌煮開即成。
適用：肉丸。

米粒類

從Q軟香甜的白米飯包壽司、做飯糰運用，
到各式年節應景的米食點心，
超人氣伴手米點，
讓你能巧妙的將晶瑩的米粒，
變成道道「米」足美味的米點心。

糯米木桶飯。

【數量】1桶

【材料】
圓糯米(或長糯米)600g

【特殊用材】
木飯桶

糯米洗淨,加水浸泡4小時、瀝乾。

將米倒入木桶內。

並於米粒表面略戳幾個孔洞幫助上氣(蒸氣對流)。

蓋上木桶蓋,移入已加水煮開的鍋中,以大火蒸製。

蒸製過程中須不時灑點水。

並以飯匙翻動挑鬆(重複灑水、挑鬆的動作約2～3次)。

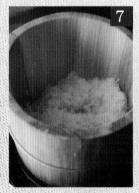
蒸煮約20分鐘至完全熟透即可。

成品。

【食用米的選購&保存】

◆選好米,晶瑩剔透尚好!

米粒以形體結實飽滿、大小形狀一致,具有光澤的米粒最優,如果是黃黃的米粒,或是有斷裂,有很多細碎粒的,都是品質欠佳的米。

◆密封保存有撇步!

為了吃到品質風味不走樣的穀類米食,除了在選購時要特別注意影響新鮮度的生產期別、加工日期謹慎選購外,若是包裝米最好還要認明標有「CAS良質米」的認證標誌,或有認證機關推薦的,品質會較有保障。另外,購回後的妥善保存也是十分重要的。買回的五穀米類,必須儲放在密封完好的容器裡,置放在溫度、濕度都低且沒有日光直射的地方,避免與空氣接觸,這樣才能減緩澱粉的氧化速度。

客家粽。

【數量】18-20個

【材料】

A長糯米1200g(或圓糯米)、五花肉300g、乾香菇10朵、蝦米50g、豆乾300g、蘿蔔乾100g、紅蔥頭100g、沙拉油適量

B調味料：醬油60g、鹽、白胡椒粉適量

【特殊用材】
粽葉約40片、棉繩1束

【作法】

1 長糯米洗淨，加水浸泡約30分鐘後瀝乾，將米倒入木桶(飯榤)內，並於表面略戳幾個孔洞幫助上氣(蒸氣對流)，移入已加水煮開的鍋中，以大火蒸。

2 蒸製過程中不時灑點水，並以飯匙翻動挑鬆(重複動作約2～3次)，蒸約20分鐘。

3 五花肉切小片；乾香菇泡軟切絲；豆乾切小丁；蘿蔔乾切碎；紅蔥頭切末；蝦米洗淨；粽葉洗淨備用。

4 鍋熱加入油，小火先爆炒豆乾丁至微焦香上色後盛出；再入油爆炒香紅蔥頭後盛出備用。

5 接著再加入少許油，小火爆香香菇絲、蝦米及蘿蔔乾碎後，放入五花肉片炒至肉色變白，接著倒入【作法4】的豆乾丁及紅蔥油，以及調味料拌炒均勻即成餡料(圖1)，盛出，再倒入蒸好的糯米入鍋翻拌均勻。

6 取兩片粽葉相對疊合(圖2)，從三分之一處折成漏斗狀(圖3-4)，先填入約一飯匙糯米飯(圖5)，再加入炒好的餡料(圖6)，再加入一飯匙糯米飯蓋滿(圖7-8)，包折成三角形粽狀(圖9-11)，用棉繩綁牢(圖12)。

7 放回木桶內(或蒸籠)，以大火回蒸約30分至熟即可。

【賞味米食Tips】

◆沒有木桶器具的也可以用蒸籠。直接將浸泡後的糯米倒入鋪好濕蒸籠布的蒸籠內蒸炊熟，同樣的也要在鋪滿的糯米表面戳幾個孔洞幫助上氣（蒸氣對流），並灑水，用飯匙挑鬆米粒。

◆也可將浸泡後的糯米倒入金屬篩網（麵粉篩）上入蒸籠蒸，這些方式都可讓米很快熟透。

北部粽。

【數量】20個

【材料】

A 長糯米(或圓糯米)1200g、五花肉300g、乾香菇10朵、蝦米50g、豆乾300g、蘿蔔乾100g、鹹蛋黃10個、紅蔥酥50g、蒜頭酥50g、沙拉油適量

B 調味料：醬油60g、鹽適量、白胡椒粉適量

【特殊用材】

粽葉約40片、棉繩1束

【作法】

1 長糯米洗淨，加水浸泡約30分鐘後瀝乾。取鍋加熱，入油拌炒香長糯米，盛出備用。

2 五花肉切小片；香菇泡軟切小片；豆乾切小丁；蘿蔔乾切碎；鹹蛋黃一切爲二；蝦米洗淨；粽葉洗淨備用。

3 鍋熱加入油，小火先爆炒豆乾丁至微焦香上色後盛出。

4 另起鍋加入少許油，小火爆香香菇片、蝦米及蘿蔔乾碎後，放入五花肉片炒至肉色變白，接著倒入【作法3】的豆乾丁、紅蔥酥、蒜頭酥，以及調味料拌炒均勻即成內餡料。

5 取兩片粽葉相對疊合，從三分之一處折成漏斗狀，先填入一匙炒過的糯米，再加入炒好的內餡料，再加入一匙糯米蓋滿，包折成三角形粽狀，用棉繩綁牢。

6 放入已預熱的蒸籠內，以大火蒸約30分至熟即可。

在地米食情

五月初五端午節這天，民間俗習上除了吃粽子、划龍舟這兩大活動盛事，另外家家戶戶也會在端午這天，準備好艾草、榕枝等，插在自家門前，相傳這樣就可以驅百邪，其他像佩掛香包、飲雄黃酒、以蒲艾洗身，也都是流傳已久的避邪驅毒的習俗。

【賞味米食Tips】

◆ 可依個人喜好也可用圓糯米。

◆ 豆乾買回來可先用熱水汆燙過再泡冷水較Q且肉粽較不易酸敗。

米粒

台式肉粽。

【數量】20個

【材料】

A 長糯米1200g、乾香菇10朵、滷花生100g、栗子20粒、蝦米50g、魷魚乾約半條、鹹蛋黃10個、紅蔥酥50g、蒜頭酥50g、沙拉油適量

B 五花肉600g、八角2顆、蒜頭5瓣

C 調味料：醬油60g、鹽、白胡椒粉適量

D 調味料：碎冰糖（或細砂糖)20g、醬油80～100g、水適量

E 佐料：香菜、花生粉、海山醬(請參考P.17)

【特殊用材】

粽葉約40片、棉繩1束

【作法】

1 長糯米洗淨，加水浸泡約30分鐘、瀝乾後，加入少許醬油拌勻。

2 將五花肉切小塊；八角略洗、蒜頭拍碎；香菇泡軟切小片；栗子泡軟去膜，先炸過；魷魚乾泡軟切絲；鹹蛋黃一切爲二；蝦米洗淨；粽葉洗淨備用。

3 熱鍋加入油，放入調味料D碎冰糖略煮，加入五花肉塊拌炒後，再加入醬油及八角、蒜頭拌炒，倒入水燒煮約40分鐘即成紅燒肉塊。

4 滷花生仁作法參見P.28-29筒仔米糕的滷花生。

5 鍋熱加入油，以小火爆香魷魚乾、蝦米及香菇，再加入紅蔥酥、蒜頭酥及調味料C的醬油、鹽、胡椒粉等炒勻即可。

6 取兩片粽葉相對疊合，從三分之一處折成漏斗狀，先填入一半長糯米，再加入炒好的內餡料、放入紅燒肉塊、滷花生，再加入糯米蓋滿，包折成三角形粽狀，用棉繩綁牢。

7 放入已煮沸的水鍋內水煮約1小時至熟軟即可。

8 食用時可視個人喜好搭配香菜、佐花生粉及海山醬食用。

【賞味米食Tips】

◆栗子泡軟後再過油炸，可保持栗子的完好形狀。

◆包粽子時要包緊，蒸煮好後外型才會紮實完好。

豬油夾沙粽

【賞味米食Tips】

◆豬板油與糖拌勻後，放置冰箱冷藏醃漬過，就是五仁月餅中內餡材料(冰肉)的作法。

◆包入豆沙餡料時，要注意不要嵌入米粒，否則會夾生，不妨將豆沙餡料，先放冷凍庫冰凍過再包，防止米粒進入。

豬油夾沙粽。

【數　量】10個

【材　料】

A 圓糯米600g、豬板油200g、細砂糖100g

B 內餡：紅豆沙300g

C 沾料：細砂糖適量

【特殊用材】

粽葉約20片、棉繩1束

【作　法】

1 取豬板油切成長條狀(圖1)，與細砂糖拌勻後(圖2)，放置冰箱冷藏醃漬2天。

2 圓糯米洗淨，加水浸泡2～3小時後、瀝乾。

3 取紅豆沙先搓成長條，再均分成10等份，分別滾圓、略壓扁，再將【作法1】的糖漬板油(約10g)包入紅豆沙中(圖3-4)，搓揉成圓條狀(圖5)。

4 將兩片粽葉折成漏斗狀，舀入糯米(圖6)、紅豆沙餡料(圖7)，再舀入一層糯米(圖8)蓋滿後包折成三角狀粽型(或四角狀)，以棉繩綁好。

5 深鍋內加水煮沸，放入粽子(水量要淹過粽子)，以大火煮沸後轉中火，續煮約2小時即可。

米粒

25

素粽子。

【數 量】20個

【材 料】
A圓糯米(或長糯米)1200g、素火腿200g、乾香菇10朵、熟滷花生100g、薑1小塊(約20g)、沙拉油適量

B調味料：醬油20g、香油適量

C調味料：醬油20g、白胡椒粉適量、香油適量

【特殊用材】
粽葉約40片、棉繩1束

【作 法】

1 糯米洗淨，加水浸泡約30分鐘、瀝乾，放入蒸籠內以大火蒸20分鐘至熟。取出趁熱加入調味料B拌勻。

2 素火腿切小丁；香菇泡軟切小丁；薑切末備用。

3 熱鍋加入沙拉油，以小火爆香素火腿至略著色後先盛出；接著放入薑末、香菇丁炒香，加入爆過的火腿丁，以及調味料C拌炒均勻即成餡料。

4 取兩片粽葉相對疊合，從三分之一處摺成漏斗狀，先填入適量糯米飯，加入炒好的餡料，再加入適量糯米飯蓋滿，包折成三角形粽狀，用棉繩綁好。

5 放入蒸籠內回蒸約30分鐘，取出。

【賞味米食Tips】

◆ 素粽的配料可依喜好決定，而因無一般的辛香料爆香，所以可選用如福菜等當素材增加香氣風味。

◆ 食用時可沾佐花生粉一起食用。

米粒

鹼粽。

【作法】

1 圓糯米洗淨，加水浸泡3～4小時後、瀝乾，加入鹼油拌勻，接著加入沙拉油拌勻（可不加），靜置30分鐘以上。粽葉洗淨備用。

2 取粽葉單片或雙片折成漏斗狀，舀入兩大匙圓糯米，折合粽葉蓋上，包成粽子型，以棉繩繞兩三圈後，以活結綁在繩串上，並用手搖一搖粽子，檢查是否包緊了。

3 放入沸水中（水量須淹蓋過粽子）以大火煮約1小時後，改中小火續燜煮約3小時左右即可。

4 取出放涼，再移放冰箱冷藏食用。

【數　量】30個

【材　料】
圓糯米700g、鹼油35g、沙拉油30g（可不加）

【特殊用材】
新鮮麻竹葉40～50片、棉繩2～3束

【賞味米食Tips】

◆注意包的時候，要包鬆鬆的，米粒不能放太多，包太緊煮出來的粽子會太硬，不Q軟。

◆如果沒有新鮮麻竹葉，也可用乾竹葉代替。

◆冷藏後的鹼粽風味佳，食用時可沾佐綿白糖或蜂蜜、楓糖一起享用。

筒仔米糕。

【數量】10個

【材料】
A 圓糯米600g、五花肉300g、乾香菇10朵、熟滷花生100g、蝦米20g、紅蔥頭50g、沙拉油60g

B 調味料：醬油50g、白胡椒粉適量

C 沾料：香菜、海山醬(請參考P.17)

【特殊用材】
筒仔米糕模型

【作法】

1 糯米洗淨，加水浸泡約30分鐘後瀝乾，蒸煮熟；五花肉切小片；香菇泡軟；紅蔥頭切末；蝦米洗淨備用。

2 熱鍋加入沙拉油，以小火爆香紅蔥頭後先盛出；續放入五花肉片和香菇拌炒至肉色變白，加入醬油，轉小火，再加入水(約400g)、紅蔥酥，蓋上鍋蓋滷煮約30分鐘。

3 將滷肉及滷香菇挑撿盛出，湯汁留著備用。

4 另起鍋，少許油燒熱，放入蝦米炒香，再加入蒸熟的糯米拌炒香，接著加入【作法3】的湯汁及白胡椒粉，拌炒均勻(圖1)。

5 取筒仔米糕模型於底部先抹層油(圖2)，放入滷香菇、滷花生及滷肉(圖3)，再填入炒好的糯米至約8分滿(圖4)、壓緊實(圖5)，最後再加入適量的水(約0.5公分的高度，讓蒸好的米飯軟爛)(圖6)，即可移入蒸籠以大火蒸約10分。趁熱脫模食用。

【滷花生】

【材料】
生花生仁600g、水1200g、八角4粒、冰糖40g、醬油60g、沙拉油適量

【作法】

1 花生仁洗淨，加水浸泡4小時後、瀝乾備用。

2 熱鍋加入沙拉油，以小火爆香八角後，放入冰糖炒至金黃，再加入醬油、水及花生仁，轉小火煮滾，蓋上鍋蓋滷煮約40～50分鐘即可。

米粒

28

筒仔米糕

【賞味米食Tips】

◆花生仁用冰糖炒過味道較香；若用快鍋滷煮約30～40分鐘即可。

◆裝填的容器模型要先薄抹上少許油，以利於扣取出。

彌月油飯。

【數 量】1盒

【材 料】

A 長糯米600g、五花肉300g、滷雞腿或炸雞腿(大隻)1隻、紅蛋2個、乾香菇10朵、蝦米20g、紅蔥酥30g、沙拉油適量

B 調味料：醬油50g、白胡椒粉10g

【作 法】

1 長糯米洗淨，加水浸泡約30分鐘後、瀝乾，放入蒸籠內以大火蒸約30分鐘至熟。

2 五花肉切絲；香菇泡軟切絲；蝦米洗淨備用。

3 熱鍋加入少許油，以小火爆炒香香菇與蝦米，再放入五花肉絲炒至肉色變白，加入醬油及少許的水(50g)、紅蔥酥以小火煮滾，倒取出湯汁備用。

4 將蒸熟的糯米加入滷湯汁中，再加入部分的爆香料一起拌勻，接著再盛入容器內，表面再鋪上一層爆香料。

5 放入蒸籠內回蒸約10分鐘，即可取出，附上滷雞腿、紅蛋即成彌月油飯。

在地米食情

習俗上小嬰兒滿月時，家人為慶祝孩子平安，多半會在嬰兒滿月時，分送油飯給親戚朋友，傳達家中的喜悅之情；另外傳統上也有人會在七月七日（七夕）當天黃昏時，在自家門口準備油飯來祭拜庇護兒童的守護神—七娘媽。

【紅蛋的製作】

【材 料】

雞蛋數顆、食用色素紅色6號

【作 法】

雞蛋先洗淨，加冷水（需淹蓋蛋的水量），以中小火煮約20分鐘，取出趁熱加食用色素紅色6號染紅即成。

結婚米糕。

【賞味米食Tips】
◆除了葡萄乾外，也有很多地方是使用桂圓肉
(福圓)來製作，故也有「富貴米糕」之稱。

【作法】

1 糯米洗淨，加水浸泡4小時後、瀝乾，放入蒸籠內以大火蒸30分鐘至熟。

2 取出蒸熟的糯米，倒入容器內，趁熱加入二砂糖、葡萄乾拌勻至糖完全溶化即可。

3 取容器先薄抹上一層油，再將拌好的糯米糕盛入，略整型，表面灑上熟芝麻即可。

4 冷卻後，即可切片食用。

【數　量】10人份

【材　料】
圓糯米600g、二砂糖150g、葡萄乾50g、熟白芝麻適量、沙拉油適量

【特殊用材】
方型模

在地米食情

以圓糯米、砂糖及葡萄乾等料製作成的結婚米糕，是台灣婚嫁習俗裡，結婚當天女方的回禮之一，通常在米糕的表面上會貼上一張象徵歡喜結緣的喜圓(喜緣)，而男方在米糕上切取一大圓留下，其他大圓外圍的米糕就回禮給女方，而男方則將大圓形的米糕放新房床頭，以求讓新人「發貴」。

地瓜米糕。

【數　量】10人份

【材　料】

A圓糯米600g、二砂糖(或黑糖)150g、沙拉油適量

B內餡：市售地瓜餡300g

C表面沾料：熟芝麻適量

【特殊用材】

方型模、玻璃紙

【作　法】

1 圓糯米洗淨，加水浸泡約4小時後、瀝乾，放入蒸籠內以大火蒸30分鐘至熟。

2 取出蒸熟的糯米，倒入容器內，趁熱加入糖拌勻(圖1)。

3 將【作法2】拌好的糯米飯，取1/2先盛入已鋪一層玻璃紙的容器內(圖2)，略整型壓平(圖3)，再填入一層地瓜餡(圖4)，再舀入其餘1/2的糯米飯填滿(圖5)，整型，表面灑上熟芝麻裝點即可(也可不加)。

4 冷卻後切片食用。

【賞味米食Tips】

◆地瓜米糕成品易酸敗要特別注意。

【作法】

1 圓糯米洗淨，加水浸泡約4小時後、瀝乾，放入
蒸籠內以大火蒸30分鐘至熟。

2 取出蒸熟的糯米，倒入容器內，趁熱加入黑糖拌
勻。

3 將【作法2】拌好的糯米飯，取1/2先盛入已鋪一
層玻璃紙的容器內，略整型壓平，再填入一層芋
頭餡，再舀入其餘1/2的糯米飯填滿，整型，表
面灑上熟芝麻裝點即可(也可不加)。

4 冷卻後切片食用。

【數 量】10人份

【材 料】

A 圓糯米600g、黑糖(或二
砂糖)150g、沙拉油適量

B 內餡：市售芋頭餡300g

C 表面裝飾：熟芝麻適量
(可不加)

【特殊用材】
方型模、玻璃紙

芋頭米糕。

【賞味米食Tips】
◆芋頭米糕是甜米糕的變化版，芋頭餡
可自己做但較易酸敗。
◆糯米飯蒸熟後拌糖的同時，也可加入
桂圓肉增加風味。

八寶飯

【賞味米食Tips】
◆也可於填入底層糯米飯後,再添加一層芋泥
當夾餡,增加風味。
◆八寶料可自行搭配。
◆在碗內先沾少許水可讓保鮮膜更緊貼。

八寶飯。

【數 量】1份

【材 料】

A 圓糯米500g、二砂糖130g、沙拉油適量

B 八寶料：葡萄乾30g、鳳梨片30g、甘納豆50g、蜜紅豆40g、甘納豆(紅)30g、木瓜絲30g、紅棗1顆

【作 法】

1 圓糯米洗淨，加水浸泡約1小時、瀝乾，放入蒸籠內以大火蒸約20～30分鐘。

2 取出蒸熟的糯米，趁熱加入糖、油充分拌勻。

3 取一中型深碗，於碗內先沾上少許水，再鋪上一層保鮮膜(圖1)，抹上少許油(圖2)，然後由中心以同心圓的方式分別排入八寶材料(圖3-4)，再填入【作法2】拌好的糯米飯(圖5)，略壓密實(圖6)。

4 放入蒸籠中回蒸約10分鐘，取出倒扣於盤內即可。

紅豆紫米糕。

【數量】12個

【材料】
黑糯米600g、二砂糖（或黑糖）150g、蜜紅豆200g、沙拉油適量

【特殊用材】
鋁箔模型

【作法】

1 黑糯米洗淨，加水浸泡約6～8小時後、瀝乾，放入蒸籠內以大火蒸約30分鐘至熟。

2 取出蒸熟的黑糯米，倒入容器內，趁熱加入糖、蜜紅豆拌勻。

3 將【作法2】拌好的紅豆紫糯米，取適量大小，舀入已薄抹一層油的容器內(或鋁箔模型)，略整型、定型即可(表面也可以加上蜜紅豆點綴)。

4 冷卻後即可食用。

【賞味米食Tips】
◆黑糯米浸泡的時間較長，否則不易熟透。
◆表面也可加上漬櫻桃或蜜紅豆來點綴。

米粒

臘八粥。

【作 法】

1 圓糯米洗淨，加水浸泡約1小時，瀝乾。

2 紅豆、綠豆、紅棗、蓮子洗淨，並以水浸泡軟備用。

3 深鍋內加入水煮沸，先加入紅豆、綠豆、蓮子煮至軟，加入圓糯米煮滾，放入薏仁、麥片、紅棗，熬煮至米粒及紅豆皆熟透，最後再加入其餘的材料續煮至粥液呈濃稠，加入糖調味煮勻即成。

【數 量】10人份

【材 料】

A圓糯米200g、細砂糖300g、水約4000～5000g

B八寶料：薏仁30g、麥片45g、桂圓肉30g、綠豆30g、紅棗30g、蓮子30g、水煮熟花生50g、紅豆40g

【賞味米食Tips】

◆臘八粥添加的材料可自行搭配，甜度也可自行調整。

◆煮滾後用小火續煮較不混濁。

◆過程中要注意不時攪拌以免把鍋燒焦。

糯米腸。

【數　量】10條

【材　料】

A長糯米300g、熟滷花生100g、蝦米30g、紅蔥頭50g、沙拉油適量

B調味料：醬油15g、白胡椒粉適量、五香粉適量、鹽適量

C佐料：甜辣醬

【特殊用材】

腸衣適量、棉繩適量、灌腸器(或漏斗)

【作　法】

1 糯米洗淨，加水浸泡約1小時、瀝乾；紅蔥頭切末、蝦米洗淨備用。腸衣泡水備用。

2 熱鍋加入少許油，以小火爆香蝦米後，加入紅蔥頭末炒香，再放入泡軟的糯米一起拌炒勻，接著加入醬油及其餘的調味料拌炒均勻，最後加入熟花生拌勻(圖1-2)。

3 將腸衣尾端先綁小結，再由另一端套上漏斗(圖3)，取【作法2】炒香的米餡倒入漏斗中(圖4)，並用筷子輔助將米推入腸衣內(圖5-6)。最後以棉繩以每約14cm爲一段，綁好分節。

4 鍋內水煮沸，放入糯米腸煮至浮起後，轉用中火續煮約40分鐘即可。

糯米腸

【賞味米食Tips】
◆可切片沾醬食用，也可切開後包入炒香的
酸菜、花生粉、蘿蔔乾、香菜及熟香腸即為
大腸包小腸。
◆一般家中沒有灌腸器時，也可以使用漏斗
來替代使用。

木桶飯（蓬來米）。

【數 量】 約4人份米飯

【材 料】
蓬來米300g

【特殊用材】
木飯桶

【作 法】

1 蓬來米洗淨，加水浸泡約30分鐘、瀝乾，再以少量的熱水汆燙過(圖1-2)。

2 將燙過的米粒放入木桶中，並於表面略戳幾個孔洞幫助上氣(蒸氣對流)，移入已加水煮開的鍋中，以大火蒸約15～20分鐘。

【賞味米食Tips】

◆也可直接將洗好的米放入木桶中蒸熟，不過中途須灑水並用飯匙略翻動挑鬆，蒸製的時間約30分鐘。

◆經汆燙手續與直接蒸煮出的米粒口感不相同，汆燙過的米粒吃起來較無黏性，不像直接蒸煮出的米粒口感較軟黏些。

◆蓬來米米感較Q也可以運用來製作壽司。

【數　量】約10個粽子份量
【材　料】
圓糯米（或長糯米）600g
【特殊用材】
木飯桶

木桶飯（糯米）。

在地米食情

早期農家婦女忙農務之餘還得準備全家大小的三餐，而為了節省柴火等因素，於是想出利用木桶來做飯；同時也將汆燙米的米湯及未撈盡的米再作利用，煮爛給幼兒食用。木桶具有保溫的特性，木桶蒸飯可謂是早期農家婦女的一大巧思。

【作法】

1 糯米洗淨，加水浸泡4小時、瀝乾。

2 倒入木桶內，並於表面略戳幾個孔洞幫助上氣(蒸氣對流)、蓋上木桶蓋，移入已加水煮開的鍋中，以大火蒸製。

3 蒸製過程中須不時灑點水，並以飯匙翻動挑鬆(重複動作約2～3次)，蒸煮約20分鐘。

【賞味米食Tips】

◆ 蒸熟的糯米飯可用來製作飯糰或粽子，如客家粽。

◆ 若是（早餐店）用來製作飯糰，建議先將一部分熟製的米飯取出用粿巾保溫，待米飯不夠販賣時，再加入木桶內以免米飯蒸太久過爛。

米漿類

粒粒的白米，細細的研磨成細膩純白的米漿，

再加上一些巧思變化，

就成了各式香Q順口的米漿製品，

肉丸、碗粿、九層板等等，

其實好口感的米漿類點心一點也不困難，

只要記住基本的米漿做法，就能運用自由的變化，

簡易又方便，想吃的時候隨時都可以輕鬆完成！

水粄米漿。

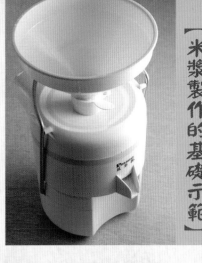

【材料】

在來米300g、水600g、熱開水300g、鹽10g

將在來米洗淨,加水浸泡約3～4小時。

瀝乾水分。

將瀝乾的在來米放入研磨機(或調理機)內,並慢慢加入水(600g)攪打。

打磨均勻,倒取出,即成基本的生米漿。

取煮沸的熱開水,迅速沖入生米漿。

加入拌鹽勻。

再以小火加熱至呈略稠狀態。

即成製作客家水粄用的米漿。

【製作流程Point】

◆一步一步確實做好!

米淘洗淨－浸泡軟－瀝乾－米加水混合磨製成米漿。

◆好用好變化一定要試!

碗粿、九層粄等皆屬米漿類製品,也就是將米磨成漿後搭配不同配料,再熟製成各類的米食製品。

肉丸。

【數 量】16-18個

【材 料】

A 在來米粉200g、細地瓜粉500g、水200g、熱開水1000g

B 梅花肉(或五花肉)400g、乾香菇8朵、熟筍丁300g、油蔥酥30g、蒜頭酥30g

C 調味料：鹽適量、醬油、白胡椒粉適量

D 醃料：醬油40g、細砂糖5g、白胡椒粉5g、五香粉3g、太白粉10g、蒜泥適量

E 沾醬：海山醬(作法參見P.17)

【特殊用材】

肉丸模型

【作 法】

1 將在來米粉加水先拌勻(圖1)，再沖入熱開水迅速攪拌勻成稠狀(圖2-3)，略放涼，續加入細地瓜粉攪拌均勻至黏稠狀(圖4)，即成外皮米漿。

2 將梅花肉切成小片狀，加入調味料醃料D(太白粉除外)拌勻，再加入太白粉拌勻醃漬片刻。

3 鍋燒熱加入油，先炒香香菇，放入肉片炒熟加熟筍丁及調味料C拌炒勻。

4 取肉丸模型，先抹上少許油(圖5)，再舀取適量米漿入模內鋪底(圖6)，放入內餡料(圖7)，最後再鋪蓋上一層米漿抹平(圖8)。

5 將做好的肉丸放入已預熱的蒸籠內，以大火蒸約15分鐘至熟，待稍冷，取出。

6 食用時，將肉丸淋上沾醬，灑上香菜即可。

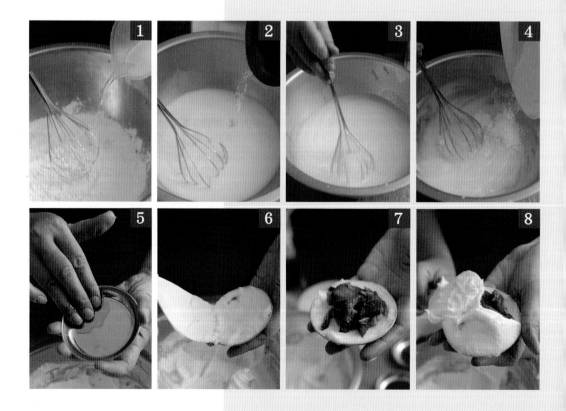

米漿

肉丸

【賞味米食Tips】
◆蒸好的肉丸待稍冷卻後再脫模取出，
否則容易致使肉丸底部的破裂。

紅糟肉丸。

【數 量】10個

【材 料】

A 在來米粉60g、地瓜粉90g、樹薯粉200g、水100g、熱開水200g

B 絞肉300g、乾香菇5朵、熟筍丁1包、油蔥酥20g

C 醃料：紅糟醬30g、味醂10g、麻油腐乳適量、細砂糖10g、胡椒粉少許、太白粉少許、蒜泥少許

D 調味料：鹽、醬油、胡椒粉適量

E 沾醬：白醬、紅醬、蒜蓉醬油膏(作法參考P17)

【特殊用材】

肉丸模型

【作 法】

1 將在來米粉加水先拌勻，再沖入熱開水迅速攪拌勻成稠狀，略放涼，續加入細地瓜粉、樹薯粉攪拌均勻至黏稠狀，即成外皮米漿。

2 將絞肉加入醃料C(太白粉除外)拌勻，再加入太白粉拌勻醃漬片刻。

3 鍋燒熱加入油，先炒香香菇，放入熟筍丁及調味料D拌炒勻，加入油蔥酥拌勻。

4 取肉丸模型，先抹上少許油，再舀取適量米漿入模內鋪底，放入炒好的內餡配料、醃好的絞肉，最後再鋪蓋上一層米漿抹平。

5 將做好的肉丸放入已預熱的蒸籠內，以大火蒸約20分鐘至熟，待稍冷，取出。

6 食用時，將肉丸淋上醬汁，灑上香菜即可。

【賞味米食Tips】

◆自製的沾醬汁無添加任何的防腐劑，所以要放冰箱冷藏，並儘速使用完畢。

◆若大量製做肉丸，一次吃不完，可在做好冷卻後冷藏保存，待食用前再回蒸加熱食用。

鹿港芋丸。

【數　量】20個

【材　料】

A 芋頭1000g、地瓜粉120g、水50g

B 豬肉400g、油蔥酥30g、蒜頭酥20g、太白粉10g

C 調味料：鹽5g、細砂糖20g、醬油30g、五香粉、白胡椒粉適量

D 調味料：醬油40g、細砂糖5g、白胡椒粉、五香粉適量

【特殊用材】

肉丸模型、蒸籠紙

【作　法】

1 蒸籠水鍋加入八分滿的水煮沸備用。

2 將豬肉切小片加入油蔥酥、蒜頭酥及調味料D攪拌均勻，即成餡料。

3 芋頭去皮、刨絲，加入調味料C先拌勻後，加入地瓜粉、水拌混勻即成芋絲皮料。

4 取肉丸模型，先抹上少許油，再舀取【作法3】芋絲料入模內鋪底，放入餡料，最後再鋪蓋上一層芋絲料(份量以可蓋住餡料即可)，以手按壓密實成圓扁狀，脫模取出，放入已預熱、並鋪墊好蒸籠紙的蒸籠內，以中大火蒸約25分鐘至熟，待冷卻，取出。

5 食用時再淋上沾醬及蒜泥即可。

【賞味米食Tips】

◆鹿港芋丸的特色是芋頭絲調味再加些許的粉當結著劑幫助黏合。

◆內餡也可用熟餡來做；也可將做好的芋丸帶模一起入蒸籠蒸。

客家水粄。

【數 量】6份

【材 料】

A 在來米300g、水600g、熱開水300g、鹽10g

B 豬絞肉100g、原味豆乾100g、韭菜50g、客家香蔥油（或油蔥酥）20g

C 調味料：鹽、醬油、白胡椒粉適量

【賞味米食Tips】

◆早期蒸水粄會在米漿中添加「硼砂」來增加製品的彈性口感，並促進保水性、延長保存時間等，但事實上硼砂爲一種有害健康的物質，經胃酸作用會轉爲硼酸，不僅會損害人體中樞神經、消化系統，且積存於體內會引發中毒危及生命，已被明令嚴禁食品添加使用。

◆將米漿再以小火加熱的用意，是爲幫助米漿先糊化使產品不至軟硬不均。

【作 法】

1 蒸籠水鍋加入八分滿的水煮沸，放入碗皿先預熱。

2 在來米洗淨，泡水3～4小時、瀝乾，再與水(600g)放入研磨機(或調理機)內打磨成生米漿，再取煮沸的熱開水(300g)，迅速沖入生米漿、加入鹽拌勻，再以小火加熱至略稠即可。

3 取【作法2】倒入已預熱的碗內(約八分滿)，用中大火蒸約20分鐘，過程中並以筷子輔助將碗皿內的米漿攪拌1～2次。

4 餡料的製作。原味豆乾切碎、韭菜切約1cm小段；鍋內加入油，爆炒豆乾丁至微金黃，加入豬絞肉炒至肉色變白，再加入調味料拌炒勻，最後加入客家香蔥油、韭菜段拌勻即成。

5 食用時鋪上餡料，淋上醬汁即可。

米漿

【作 法】

1 蒸籠水鍋加入八分滿的水煮沸，放入碗皿先預熱。

2 在來米洗淨，泡水3～4小時、瀝乾，再與水(600g)放入研磨機(或調理機)內打磨成生米漿，再取煮沸的熱開水(300g)，迅速沖入生米漿中，加入二砂糖、黑糖攪拌均勻即可。

3 取【作法2】倒入已預熱的碗內(約八分滿)，用中大火蒸約20分鐘，過程中並以筷子輔助將碗皿內的米漿攪拌1～2次，蒸熟即可。

【數 量】6份

【材 料】

A 在來米300g、水600g、熱開水300g

B 調味料：二砂糖200g、黑糖150g

甜碗粿。

【賞味米食Tips】

◆客家甜水粄一般都為黑糖，口味較香。

◆蒸製的過程中會用筷子將碗內的米漿攪拌一次至兩次，幫助糊化，且讓蒸好後的水粄質地較軟。

南部碗粿

【賞味米食Tips】

◆南部碗粿較客家水粄料多豪華,而且是餡與米糊拌勻一起蒸的方式。口感較硬,醬料也很豐富。

【作 法】

1 香菇洗淨泡軟對切；蝦米、碎蘿蔔乾洗淨；鹹蛋黃對切泡酒去腥。

2 鍋燒熱加油，爆炒香香菇、蝦米，加入豬絞肉炒至肉色變白，再加入碎蘿蔔乾炒香，接著再加入調味料、油蔥酥拌勻即爲餡料。分成兩份備用。

3 將在來米粉、玉米粉加入水攪拌均勻(圖1)，再取熱開水迅速沖入攪拌勻(圖2)，加入醬油調色拌勻(圖3)，繼續以小火拌煮至略稠，然後放入一份炒好的餡料拌勻即可(圖4)。

4 蒸籠水鍋加入八分滿的水煮沸，放入碗皿先預熱(圖5)。

5 取【作法2】的餡料與鹹蛋黃先鋪入已預熱的碗內(圖6)，再倒入【作法3】的米漿約至八分滿(圖7)，餡料與鹹蛋黃也可最後鋪在上層(圖8)，用中大火蒸約20分鐘。

6 食用時鋪上另一份餡料及醬汁即可。

【數 量】6份

【材 料】

A 在來米粉300g、玉米粉(或澄粉)30g、水450g、熱開水450g、醬油10g

B 豬絞肉100g、香菇20g、蝦米20g、碎蘿蔔乾30g、油蔥酥20g、鹹蛋黃3個

C 調味料：鹽8g、醬油5g、白胡椒粉、五香粉適量

南部碗粿。

九層粄。

【數量】水果條模2條

【材料】

A在來米粉300g、蓬來米粉60g、太白粉60g、水550g

B調味料：鹽5g、黑糖150g

【特殊用材】

水果條模（長17cm×寬8.5cm×高7cm）

在地米食情

九層粄是利用米漿，倒入蒸皿內一層一層往上蒸製而成的，取其「蒸上」諧音，故也象徵有「增上」、長長久久的吉祥寓意。

【作法】

1 蒸籠水鍋加入八分滿的水煮沸，放入蒸模先預熱。

2 將在來米粉、蓬來米粉及太白粉加水攪拌均勻成光滑的粉漿備用(圖1)。

3 將調好的粉漿分成2等份(圖2)，取一份粉漿加鹽調味，成製白色原味，另一份粉漿加黑糖調拌勻，成製黑糖口味(圖3)。

4 取【作法3】調拌勻的粉漿，先倒入一層黑糖粉漿於蒸模內(高約0.5cm)(圖4)蒸熟(圖5)，再倒入一層原味粉漿(圖6)蒸熟(圖7)，以一層黑、一層白相間方式，重覆操作至米漿用完，蒸熟即可。

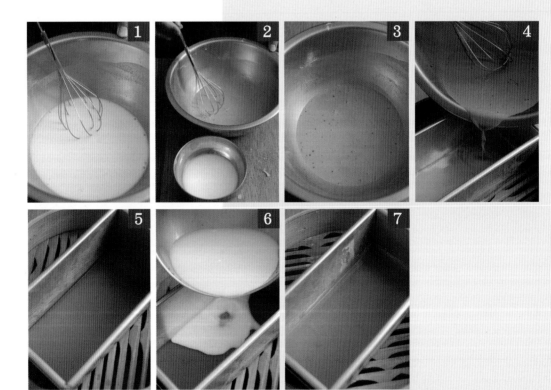

米漿

九層粄

【賞味米食Tips】

◆也可將黑糖米漿改用抹茶粉來調製，
製作抹茶口味(綠白相間)的九層粄。

◆也可以將其中一份米漿的份量提高，
黑白相間層次較明顯。

黑糖糕。

【數　量】1盤

【材　料】

A 蓬來米粉100g、樹薯粉50g、低筋麵粉150g、泡打粉5g、蘇打粉3g、酵母粉5g

B 黑糖200g、水270g

C 表面沾料：熟白芝麻適量

【特殊用材】

方型蛋糕模（長22.5cm×寬22.5cm×高5cm）、玻璃紙

【作　法】

1 蒸籠水鍋加入八分滿的水煮沸備用。

2 將蓬來米粉、樹薯粉、泡打粉、蘇打粉混合過篩均勻。

3 鍋內放入黑糖、水加熱煮至完全溶解、待冷備用。

4 將過篩的【作法2】與【作法3】的黑糖水攪拌拌均勻，靜置約10分鐘後，再加入酵母粉拌勻，靜置約20分鐘備用。

5 將【作法4】的米漿再攪拌均勻後，倒入已鋪了玻璃紙的模型內，靜置約20分鐘後，放入蒸籠以中大火蒸約15分鐘後，改中小火續蒸15分鐘至熟透、取出即成（也可趁熱灑上熟白芝麻裝點）。

【賞味米食Tips】

◆黑糖糕算發糕的一種，但沒有裂紋，所以若用大火蒸易裂，黑糖糕也可用淺盤式的容器蒸，較快熟。如苗栗一些旅遊景點常見的客家發板。

◆老一輩客家主婦較常使用三達發粉製作發糕類產品（三達發粉為老字號品牌的發粉，靠蘇打粉及燒明礬做膨發劑）。

54

発糕。

【作 法】

1 蒸籠水鍋加入八分滿的水煮沸。

2 取蒸碗(或容器)先放入蒸籠內預熱備用。

3 將在來米粉、麵粉、糖、水、泡打粉拌勻成漿,再分裝於已預熱的蒸碗中約八分滿。

4 以大火蒸約20分鐘至熟透無生料後取出、脫模。

在地米食情

發糕的「發」音同發財的「發」,民間習俗上相信炊發糕時若綻裂得越開就會越旺,有發大財,事業與人丁發達的寓意,也因此不只是逢年過節,祭祀、安神、開土動工等也常使用,故也有「發糕十路用」的說法。早期的發糕只有細砂糖(白色)及二砂糖(金黃)、黑糖(咖啡色)等簡單的樣貌,不過因應需求,在不斷的加入巧思與改良,現今則有了各具特色的風味,像是五行發糕等。

【數 量】 5-6份

【材 料】

在來米粉300g、低筋麵粉150g、二砂糖300g、水300g、泡打粉20g

【特殊用材】

蒸籠紙

【賞味米食Tips】

◆發糕的容器先預熱可讓發糕的裂口較漂亮。

◆泡打粉若有結塊現象,表示有吸收到空氣中的水分(已受潮),會影響成品導致膨發失效或使成品不夠發。

五行發糕

【賞味米食Tips】
◆使用中筋麵粉口感較Q。
◆五行發糕是利用東、西、南、北、中五路財
　神，五行相生的原理，可為來年帶來好運。

【作 法】

1 蒸籠水鍋加入八分滿的水煮沸；蒸碗(或容器)先放入蒸籠內預熱備用。

2 將在來米粉、麵粉、糖、水、泡打粉拌勻成漿狀即成原味粉漿。

3 取原味粉漿分成五等份，再分別與白、綠、黑、紅、黃五色材料調勻後，分裝入已預熱的蒸碗中約八分滿。

4 以大火蒸約15～20分鐘至熟透無生料後取出、脫模。

【數 量】5份

【材 料】

A 在來米粉300g、中筋麵粉(或低筋麵粉)150g、細砂糖300g、水300g、泡打粉20g

B 五行材料：白糖或香草醬適量(白色)、抹茶粉適量(綠色)、竹炭粉或可可粉、黑糖適量(黑色)、草莓粉或紅麴粉適量(紅色)、黃金起司粉或紅蘿蔔素適量(黃色)

在地米食情

五行五味的意義：

白色：代表金，具安定心神、破災又解難，如香草發糕、白糖發糕。

綠色：代表木，招正印官命、事業學業都順利，如抹茶發糕。

黑色：代表水，可除晦氣、保身體健康、事事平安，如可可發糕、黑糖發糕、竹炭發糕。

紅色：代表火，增加創造力、好事連連，如草莓發糕、紅麴發糕。

黃色：代表土，能提升領導力、正財偏財通通來，如黃金起司發糕。

油蔥糕。

【數　量】2個

【材　料】

A在來米粉225g、蓬來米粉75g、太白粉50g、水800g

B調味料：油蔥酥50g、鹽10g、沙拉油適量

【特殊用材】

6吋圓模型

【作　法】

1 蒸籠水鍋加入八分滿的水煮沸備用。

2 將在來米粉、蓬來米粉、太白粉加入水及鹽調拌均勻，即成生米漿(圖1)。

3 取模型先鋪上一層玻璃紙(或抹一層油)，倒入一層生米漿(圖2)，灑上油蔥酥(圖3)，放入已預熱的蒸籠內以大火蒸(圖4)，蒸至快熟時(圖5)，再倒入一層生米漿(圖6)，灑上油蔥酥續蒸(圖7)，重複一層生米漿、灑油蔥酥的動作，直至將生米漿用完，蒸熟後熄火，再以筷子或探針插入探測是否已熟(取出時若不沾黏即表示熟)(圖8)。

米漿

油蔥糕

【賞味米食Tips】

◆蒸至快熟時，再倒入一層生米漿則層層相連。若米漿全熟才添加米漿較易分開不黏合。

◆也有人直接將米糊與油蔥酥調合均勻蒸製。

◆每一次添加米漿前需將米漿拌勻以免粉類沉澱。

台式蘿蔔糕

【賞味米食Tips】
◆蒸好的蘿蔔糕可直接切片或煎製後沾佐蒜蓉
醬食用。
◆蒸製的時間視容器的大小及蘿蔔糕厚度而
定。

60

【作法】

1 蒸籠水鍋加入八分滿的水煮沸備用。

2 白蘿蔔洗淨，去皮、刨絲；香菇泡軟後切丁；蝦米洗淨備用。

3 將在來米粉加水(800g)調拌均勻成生米漿(圖1)。

4 熱鍋加入少許油，爆炒香香菇、蝦米，放入白蘿蔔絲拌炒，再加入少許的水及調味料燜煮至白蘿蔔絲軟爛(圖2)，熄火。

5 將【作法4】的白蘿蔔絲料與【作法3】的生米漿混合拌勻(圖3)。

6 鍋燒熱，倒入拌勻的【作法5】以小火不斷翻炒，直至蘿蔔絲米漿變成略硬的米糊狀態(圖4)。

7 取容器先薄抹油(或鋪墊一層玻璃紙)，倒入【作法6】米糊(圖5)，放入已預熱的蒸籠，以中大火蒸約40分鐘，再以筷子或探針插入探測是否已熟(取出時若不沾黏即表示熟)。

【數　量】1個

【材　料】

A 在來米粉300g、水800g

B 白蘿蔔400g、乾香菇50g、蝦米30g

C 調味料：鹽20g、糖20g、白胡椒適量、香油適量、沙拉油適量

【特殊用材】
8吋圓模型

台式蘿蔔糕。

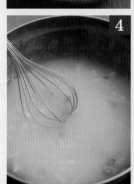
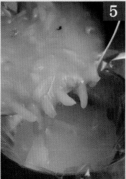

在地米食情

俗稱菜頭的白蘿蔔，其菜與彩諧音，有象徵好彩頭的寓意。在習俗上過年必會用白蘿蔔來製作整籠的菜頭粿，並用來祭神祀祖，以祈新年好彩頭。

客家蘿蔔糕。

【數量】1個

【材料】

A 在來米300g、白蘿蔔900g、水450g

B 調味料：鹽20g、白胡椒粉適量

【特殊用材】

10吋蒸籠、玻璃紙

【作法】

1 蒸籠水鍋加入八分滿的水煮沸備用。

2 在來米洗淨、泡水3～4小時軟化、瀝乾，再與水(450g)放入研磨機中磨打成生米漿。

3 將白蘿蔔洗淨，去皮、刨絲備用。

4 熱鍋加入少許油，放入白蘿蔔絲翻炒，加少許的水及調味料燜煮直至軟爛後，熄火。

5 將【作法4】白蘿蔔絲料與【作法2】的生米漿混合拌勻。

6 鍋燒熱，倒入拌勻的【作法5】以小火不斷翻炒直至蘿蔔絲米漿變成略硬的米糊狀態。

7 取容器先薄抹油(或鋪墊一層玻璃紙)，倒入【作法6】米糊，放入已預熱的蒸籠，以中大火蒸約40分鐘，再以筷子插入探測是否已熟(取出時若不沾黏即表示熟)。

【賞味米食Tips】

◆蒸好的蘿蔔糕可直接切片沾佐蒜蓉醬食用；煎製的蘿蔔糕沾佐金桔醬食用，是最道地的客家美食。

◆在來米和白蘿蔔的比例約爲1：1或1：2，最多1：3；白蘿蔔絲若加太多會不容易聚合，且蒸好切製時容易散開。最受老一輩的婆婆媽媽們喜愛的比例爲1：3，因爲切片煎時既不易黏鍋，煮湯時也較耐煮。

米漿

【數 量】2個

【材 料】

A 在來米粉300g、澄粉50g、水800g

B 白蘿蔔400g、蝦米20g、香菇50g、臘肉(或香腸)50g

C 調味料：鹽20g、糖20g、白胡椒粉適量、沙拉油適量

【特殊用材】
6吋圓模型

港式蘿蔔糕。

【作 法】

1 蒸籠水鍋加入八分滿的水煮沸備用。

2 將白蘿蔔洗淨，去皮、刨絲；臘肉切丁；香菇泡軟後切丁；蝦米洗淨。

3 取在來米粉、澄粉加水(800g)調拌均勻成生米漿。

4 熱鍋加入少許油，爆炒香菇、蝦米，加入臘肉炒香，再放入白蘿蔔絲拌炒勻，續加入少許的水及調味料燜煮直至軟爛，熄火。

5 將【作法4】的白蘿蔔絲與【作法3】的生米漿混合拌勻。

6 鍋燒熱，倒入拌勻的【作法5】以小火不斷翻炒直至蘿蔔絲米漿變成略硬的米糊狀態。

7 取容器先薄抹油(或鋪墊一層玻璃紙)，倒入【作法6】米糊，放入已預熱的蒸籠，以中大火蒸約40分鐘，再以筷子插入探測是否已熟(取出時若不沾黏即表示熟)。

【賞味米食Tips】

◆澄粉可用玉米粉替代。

◆臘肉、臘腸、培根均可用來製作港式蘿蔔糕。

【數 量】水果條模2條

【材 料】

A 在來米粉300g、水800g

B 芋頭300g、乾香菇30g、蝦米30g、紅蔥酥20g

C 調味料：鹽20g、糖20g、白胡椒粉適量、香油適量、沙拉油適量

【特殊用材】

水果條模（長17cm×寬8.5cm×高7cm）

芋頭糕。

【作 法】

1 蒸籠水鍋加入八分滿的水煮沸備用。

2 將芋頭去皮、刨絲備用；香菇泡軟後切丁；蝦米洗淨備用。

3 在來米粉加水(800g)調拌均勻成生米漿(圖1)。

4 熱鍋加入少許油，爆香香菇、蝦米(圖2)，加入芋頭絲拌炒(圖3)，續加入少許的水及調味料燜煮直至熟軟，熄火。

5 將【作法4】的芋頭絲料與【作法3】的生米漿混合拌勻(圖4)。

6 鍋燒熱，倒入拌勻的【作法5】以小火不斷翻炒，直至芋頭絲米漿變成略硬的米糊狀態(圖5)。

7 取容器先薄抹油(或鋪墊一層玻璃紙)(圖6)，倒入【作法6】米糊(圖7)，放入已預熱的蒸籠，以中大火蒸約40分鐘，再以筷子插入探測是否已熟(取出時若不沾黏即表示熟)。

8 食用時，切塊後搭配餡料一起食用(作法參見客家水粄P.48)。

在地米食情

客家米食口味豐富多樣，將芋頭刨絲加上配料拌炒，與米漿一起調拌蒸製熟後，又成了一道香Q好吃的糕粿點心。

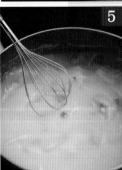

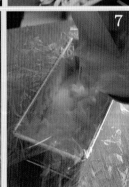

米漿

芋頭糕

【賞味米食Tips】
◆ 處理芋頭時常讓人手癢難過。建議
可先將芋頭直接用熱水燙煮約3分鐘
後，再去皮刨絲。

65

椰香芋頭糕

【賞味米食Tips】
◆加入樹薯粉可讓成品較Q，且冷藏也較不會變硬。
◆芋頭也可用玉米粒一罐來替換，風味也很棒。

【作 法】

1 蒸籠水鍋加入八分滿的水煮沸備用。

2 芋頭去皮、刨成細絲備用。

3 將糯米粉、樹薯粉、細砂糖、鹽、椰漿放入攪拌盆內
（圖1）充分攪拌均勻（圖2），接著加入芋頭絲拌勻（圖3-
4）。

4 取模型鋪墊一層保鮮膜（或玻璃紙），倒入【作法3】芋
頭絲料（圖5），略抹平（圖6）。

5 放入已預熱的蒸籠內，用大火蒸約30分鐘，取出趁熱
灑上椰子粉（圖7），放涼。

6 待冷卻，分切成小方塊，均勻沾裹上椰子粉防黏（圖
8）。也可放冰箱冷藏後食用。

【數 量】1模

【材 料】

A 芋頭600g、糯米粉300g、
樹薯粉50g、細砂糖200g、椰
漿1罐、鹽適量

B 表面沾料：椰子粉適量

【特殊用材】

方型蛋糕模（長22.5cm×寬
22.5cm×高5cm）、保鮮膜
（或玻璃紙）

漿糰類

熟悉漿糰的製作，藉由「粿粹」居中的調節，
透過揉搗的巧變，不管是用磨漿或調粉來製做，
都能引出米粒的細微甜味與香氣，
麻糬、糍粑、艾粄、芋粿包，
就算是初次嘗試也能做出充滿懷念的正港好滋味。

基礎漿糰。

【材　料】
圓糯米600g、水約800g

1. 將圓糯米洗淨，加水浸泡約3～4小時。

2. 瀝乾水分。

3. 將瀝乾的圓糯米放入研磨機（或調理機）內。

4. 並慢慢加入水（800g）攪打。

5. 打磨均勻成生米漿。（出口下方先以容器放入粿袋，用以盛裝流出的米漿）

6. 裝入粿袋。

7. 將粿袋口綁緊。

8. 再加壓脫水（或用重物加壓出水、壓乾）。

【製作流程Point】

◆一步一步確實做好！

米淘洗淨－浸泡軟－瀝乾－米加水混合磨製成米漿－裝入粿袋內綁緊－加壓、脫乾水分成製漿糰。

◆好用好變化一定要試！

年糕、麻糬、湯圓、菜包粿等皆屬漿糰類製品，而大部分的漿糰，都是以糯米為基本的材料，經磨漿、脫水成製漿糰後，再經搓揉整型及包餡加工，成製各式的製品。

油錐仔。

【數 量】30個

【材 料】

A 糯米粉400g、地瓜150g、黃豆粉30g、水50g

B 內餡：紅豆沙300g

C 表面沾料：白芝麻適量

【作 法】

1 地瓜去皮、刨絲，蒸熟後取出。

2 將蒸熟的地瓜絲，加入糯米粉、黃豆粉及水(調整軟硬度用)攪拌混勻，搓揉至如耳垂般的軟硬度即可(圖1)。

3 將【作法2】漿糰均分成30等份的小糰(每個重約20g)；紅豆沙均分成30等份小糰(每個重10g)。

4 將小漿糰分別搓圓、略壓扁後，包入紅豆沙餡(圖2-3)，再搓揉成圓球狀(圖4)。

5 取【作法4】包好的糯米球先沾少許水(圖5)，再沾裹勻一層白芝麻(圖6)，略滾圓，讓芝麻黏附皮表(圖7)。

6 熱油鍋加熱至6分熱(約130℃)，放入【作法5】油炸至浮起、色呈金黃即可撈出(圖8)。

漿糰

70

油錐仔

【賞味米食Tips】

◆添加黃豆粉有助於膨脹。

◆油錐仔也稱馬蛋或地瓜球。

◆口味變化多樣，內餡可包入花生粉、豆沙等不同的餡料作變化，表面亦可沾芝麻或不沾皆可。

牛汶水

【賞味米食Tips】

◆泡米時間太久米食也易酸敗,把握一個原則,冬天約7～8小時、夏天約3～4小時。

◆泡米的水產生許多泡沫狀時,則表示米泡過久,磨製的米糰及成品易發酸。

◆牛汶水的另一吃法:將燙煮熟的糯米糰入碗中加適量黑糖及壓碎的花生粒食用。

【數 量】視大小

【材 料】

A圓糯米600g、水約800g

B黑糖適量、老薑適量、花生粒適量

【作 法】

1 圓糯米洗淨，泡水3～4小時、瀝乾，再與水(800g)放入研磨機(或調理機)內打磨成生米漿，裝入粿袋、加壓脫水(或用重物加壓出水、壓乾)(圖1)。

2 取生漿糰剝分成小片狀，先取幾片放入沸水中煮至浮起即為「粿婆」(圖2)。(粿婆即粿粹，也叫粄娘)

3 將生漿糰與粿婆放入銅盆中(圖3)揉搓均勻成粿糰後(圖4)，再搓成條狀(圖5)、分小段(圖6)，揉滾成約魚丸大小般的圓球狀(圖7)，略壓扁再用掌心末端於中間略壓出凹陷(圖8)。

4 鍋內加水煮滾，放入【作法3】糯米糰下鍋煮至浮起、熟透，取出，盛入碗內備用。

5 鍋內放入水(100g)、老薑末、黑糖，以小火熬煮成薑汁。

6 將熬煮好的薑汁加入瀝湯臍湯碗內，放上壓碎的花生粒即可。

在地米食情

牛汶水(瀝湯臍)，是傳統客家田間休息點心。狀似米糍粑的牛汶水，因泡在濃濃的黑糖薑汁裡，微露部分的模樣，像極了牛泡在水裡，故有了這個饒富趣味的名稱。香Q的牛汶水，最特別的地方是製作時會在圓心處略壓凹陷(可讓煮製時易熟)，且食用時是泡在熬煮濃稠的黑糖薑汁裡，佐以花生碎片一起食用。

牛汶水。(瀝湯臍)

漿糰

客家糍粑。

【數 量】視大小

【材 料】
A圓糯米600g、沙拉油適量、細砂糖150g、水800g
B沾料：花生粉適量

在地米食情

客家糍粑，在客家庄的任何喜宴上占有相當重要的位置，尤其是結婚、新居落成喜慶，客家人總要製作大量的米糍粑，請賓客食用，因為無論再豪氣的宴席，如果少了客家糍粑，不免還是讓人有那麼點缺憾，甚至還會有議論紛紛的情形呢。

【賞味米食Tips】
◆客家糍粑也可以沾佐椰子粉、黑糖或芝麻粉、烤香的綠豆粉等來食用。

◆客家糍粑，早期的作法，是把熟漿糰趁熱放入銅盆中攪拌至有Q度後，沾佐花生糖粉一起食用，但因花生糖粉易潮解，影響外觀且易老化變硬，所以一般業者都改用加糖、沙拉油攪拌的方式。

【作 法】

1 圓糯米洗淨，泡水3～4小時、瀝乾，再與水(800g)放入研磨機(或調理機)內打磨成生米漿，裝入粿袋、加壓脫水(或用重物加壓出水、壓乾)。

2 蒸籠水鍋加入八分滿的水煮沸備用。

3 取生漿糰剝分成小片狀，放入已鋪好濕粿巾的蒸籠內，以大火蒸約30分鐘至熟透。用筷子插取不會沾筷。

4 將【作法3】蒸熟的漿糰趁熱放入銅盆內，加入細砂糖、沙拉油充分揉攪均勻至有Q勁(亦可用桿麵棍攪搗)，即可分成小塊佐以花生粉食用。

漿糰

客家鹹麻糬。

【作 法】

1 圓糯米洗淨，泡水3～4小時、瀝乾，再與水(800g)放入研磨機(或調理機)內打磨成生米漿，裝入粿袋、加壓脱水(或用重物加壓出水、壓乾)。

2 蒸籠水鍋加入八分滿的水煮沸備用。

3 取生漿糰剝分成小片狀，放入已鋪好濕粿巾的蒸籠內，以大火蒸約30分鐘至熟透。用筷子插取不會沾筷。

4 將【作法3】蒸熟的漿糰趁熱放入鋼盆內，加入細砂糖、沙拉油充分揉攪均勻至有Q勁(亦可用桿麵棍攪搗)，即可均分成小糰(每個重約25g)、略壓扁，包入肉脯，捏合收口，整型成圓狀，最後沾裹上熟玉米粉防沾黏。

【數 量】40個

【材 料】

A 圓糯米600g、市售肉脯適量、沙拉油30g、細砂糖100g、水800g

B 表面沾料：熟玉米粉適量

【賞味米食Tips】

◆客家鹹麻糬在新竹地區較常見。

◆利用肉脯做麻糬是因肉脯含水量低且肉脯已調味與爲甜的麻糬搭配較不甜膩，產品室溫下也不易酸敗。

75

相思艾草麻糬。

【數 量】16個

【材 料】

A糯米粉300g、糖150g、水100g、煮熟艾草100g、麥芽糖30g、沙拉油30g

B內餡：紅豆沙適量

C表面沾料：熟玉米粉適量

【作 法】

1 蒸籠水鍋加入八分滿的水煮沸備用。

2 將糯米粉、糖、水及煮熟艾草揉製成漿糰(圖1-2-3)，放入已鋪好濕粿巾的蒸籠內(圖4)，以大火蒸約20分鐘至熟透後，取出，加入麥芽糖、沙拉油充分揉拌均勻(圖5)。

3 將【作法2】熟艾草漿糰均分成16等份(每個重約30g)；紅豆沙餡均分成16等份(每個重約15g)備用。

4 將艾草小糰，略壓扁平，包入紅豆沙(圖6)，捏合收口(圖7)，整型成圓球狀，表面沾裹上熟玉米粉防沾黏(圖8)。

漿糰

【新鮮艾草的處理】

【作 法】

新鮮艾草處理方式：新鮮艾草挑嫩葉洗淨，用熱水煮約30～40分中煮至軟(圖1)，再將艾草的水分擰乾(圖2)，取出、放涼即可冷凍保存(圖3)(不夠軟或較老的可冷卻後，用果汁機略打)。

相思艾草麻糬

【賞味米食Tips】

◆艾草的用量：喜歡這種風味的可略多一些（也
不可太多口感會過堅硬），不喜歡則可少一些。

◆艾草若買不到新鮮的，可於青草店購買艾草乾
使用，只是要記得是食用的艾草，而不是端午習
俗上用來懸掛象徵驅邪的艾草。

黑糖花生麻糬

【賞味米食Tips】
◆也可添加黑糖露增加黑糖香味。

◆有些業者會添加醬色增加色澤及添加己二烯酸
鉀（食品防腐劑）；自己做點心時色澤不夠或產
品變硬都是正常的，記得趁著新鮮儘快吃完。

【數　量】16個

【材　料】

A 糯米粉300g、沙拉油30g、麥芽糖30g

B 黑糖150g、熱水200g

C 內餡：花生粉100g、糖粉50g、沙拉油適量

D 表面沾料：黑糖粉(或烤熟綠豆粉)適量

【作　法】

1 蒸籠水鍋加入八分滿的水煮沸備用。

2 將雪平鍋內放入黑糖，以小火加熱至糖溶化，加入熱水(200g)邊攪動煮至沸騰，熄火待涼，成黑糖水(圖1)。

3 取材料C的所有材料一起攪拌均勻成製內餡料，再平均分切成16等份(約10g)備用。

4 取糯米粉、黑糖水、麥芽糖揉製成漿糰(圖2)，放入已鋪好濕粿巾的蒸籠內(圖3-4)，以大火蒸約20分鐘至熟透後，取出，加入沙拉油充分揉拌均勻。

5 將【作法4】熟漿糰均分成16小糰(約30g)，略壓扁平，包入花生內餡，捏合收口、整型成圓球狀，表面沾裹黑糖粉防沾黏。低溫保存。

漿糰

79

雙色椰奶麻糬。

【數量】20個

【材料】

A 糯米粉200g、黃金起司粉（或紅麴粉）10g、水150g、細砂糖40g

B 糯米粉200g、水150g、黑糖100g

C 內餡：市售奶酥餡300g

D 表面沾料：椰子粉適量

【作法】

1 蒸籠水鍋加入八分滿的水煮沸備用。

2 將材料A、材料B分別揉製成漿糰，放入已鋪好濕粿巾的蒸籠內，以大火蒸約20分鐘至熟透後，取出，分別再略揉製光滑。

3 將【作法2】各自再均分成每個重約20g的小糰。奶酥餡均分成每個重約15g。

4 將小漿糰各取一個，兩糰重疊後壓扁平，包入奶酥餡，捏合收口、整型成橢圓型，表面沾裹椰子粉防沾黏。低溫保存。

【賞味米食Tips】

◆麻糬可用各種餡料做搭配。

◆外型也不一定是圓的可以任意變化創造。

日
本
糬
粑
。

【數　量】20個

【材　料】

A 糯米粉300g、樹薯粉100g、糖200g、水300g、麥芽糖30g、沙拉油30g

B 內餡：紅豆沙400g

C 表面沾料：熟太白粉

在地米食情

日本糬粑對一般人來講可能很少見，但這可是讓我超懷念的美味；個頭大，很有份量這是記憶中的大小，可能是它的特色，也可能是4、50年代的環境講求的是吃飽不吃巧吧，當然如果喜歡小巧的也可以作成Q版的日本糬粑。

【作　法】

1 蒸籠水鍋加入八分滿的水煮沸備用。

2 將糯米粉、樹薯粉、糖、水揉製成漿糰，放入已鋪好濕粿巾的蒸籠內，以大火蒸約20分鐘至熟透後，取出，加入麥芽糖、沙拉油充分揉拌均勻。

3 將【作法2】熟漿糰均分成20等份(每個重約50g)；紅豆沙餡均分成20等份(每個重約20g)備用。

4 將均分好的小漿糰，略壓扁平，包入紅豆沙，捏合收口，整型成圓球狀，表面沾裹上熟太白粉防沾黏，略壓扁即可。

【賞味米食Tips】

◆ 買不到熟太白粉時，也可以將太白粉用乾鍋炒過即成熟太白粉。

客家粄粽。

【數 量】20個

【材 料】

A 糯米粉400g、低筋麵粉100g、水300g、細砂糖50g、沙拉油30g

B 五花肉300g、乾香菇10朵、蝦米50g、豆乾300g、蘿蔔乾100g、紅蔥頭100g、沙拉油適量

C 調味料：醬油60g、鹽適量、白胡椒粉適量

【特殊用材】
粽葉約40片、棉繩1束

【作 法】

1 蒸籠水鍋加入八分滿的水煮沸備用。

2 糯米粉、麵粉混合過篩。五花肉切小片；香菇泡軟切絲；豆乾切小丁、蘿蔔乾切碎；紅蔥頭切末；蝦米洗淨；粽葉洗淨備用。

3 將細砂糖加水拌勻至完全溶解後，加入過篩的粉類攪拌均勻成糰，並取一小塊漿糰先下鍋煮熟做成粿婆，再取出放回生漿糰中搓揉攪拌勻(圖1)，續加入沙拉油揉拌至光滑。

4 熱鍋加入少許油，以小火爆炒豆乾丁至上色後先盛出；再入油爆炒香紅蔥頭後盛出備用。接著再加入少許油，小火爆香香菇絲、蝦米及蘿蔔乾碎後，放入五花肉片炒至肉色變白，倒入豆乾丁、紅蔥油，以及調味料拌炒均勻即成內餡料。

5 將【作法3】漿糰均分成20等份(每個重約45g)(圖2)，略壓扁(圖3)，再包入內餡料(圖4)，捏合收口(圖5)，整型成圓球狀(圖6)，最後再薄抹一層油(圖7)。

6 取兩片粽葉相對疊合，從三分之一處折成漏斗狀，放入【作法5】包餡的漿糰(圖8)，包折成三角形粽狀，用棉繩綁牢。

7 放入已預熱的蒸籠內，以大火蒸約25～30分至熟即可。

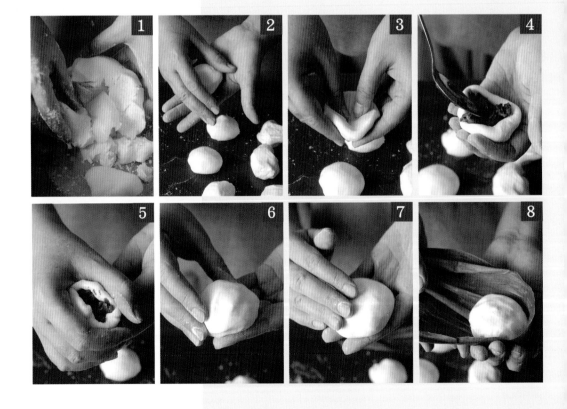

將漿糰

客家粄粽

客家新丁粄

【賞味米食Tips】

◆食用紅色素6號與酒調勻使用，上色時較快乾(對已是熟製的米食而言)；若碰生水產品易發酸發霉。

◆漿糰類因米漿須脫水，所以磨米的水量可自行調整。

◆客家新丁粄的最大特色就像不包餡的紅龜粿。食用時可將新丁粄切成長條片狀，以少許油煎至兩面金黃色，灑上鹽水；或者煎好後，沾佐以蒜末、辣椒末、醬油調製的沾醬一起食用。這是十分道地的客家新丁粄吃法。

【作法】

1 圓糯米、蓬來米洗淨,泡水6～8小時、瀝乾,再與水(1600g)放入研磨機(或調理機)內打磨成生米漿,裝入粿袋、加壓脫水(或用重物加壓出水、壓乾)。

2 蒸籠水鍋加入八分滿的水煮沸備用。

3 取生漿糰剝分成小片狀,放入已鋪好濕粿巾的蒸籠內,以大火蒸約30分鐘至熟透。

4 將【作法3】蒸熟的漿糰略揉勻(或用攪拌機攪拌均勻)。

5 手先沾少許水(或沾太白粉、熟玉米粉)防黏,捏取【作法4】蒸熟的小漿糰(視模型大小),表面整光滑並抹少許太白粉(或熟玉米粉),放入紅龜粄模中,略壓整型,扣出,薄刷上調米酒(或水)的食用紅色素即可。

【數 量】2個

【材 料】

A 圓糯米400g、蓬來米400g、水1600g

B 抗黏用手粉:太白粉(或熟玉米粉)適量

C 表面著色:食用色素紅色6號適量

【特殊用材】

紅龜粿印模

丁粄的創意吃法
【烤麻糬丸子串】

【作法】

將丁粄烤好(或煎軟),刷上味醂再沾裹上味島香鬆,或刷上海苔醬食用。

在地米食情

早期農業社會,因重男輕女觀念濃厚,於是有重視「出丁」的俗習,故家中添小男丁時,會於元宵節或農曆十月中下旬時於附近廟宇舉行【祈天神福】、【還天神福】的廟會活動時,用糯米製作像紅龜糕的一種糕點(新丁粄),堆疊成塔型(一托),拿到廟宇敬謝神明添丁賜福,並祈求孩子能平安健康長大。而新丁粄敬過神明後,會分送鄰居親友食用,但其中塔頂上有一個不壓花紋、染紅的圓形熟米糰及其下方重疊的二個新丁粄,按照習俗是不可送人要留著自家人食用。

漿糰

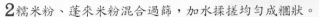

客家 錢仔粄、丁粄。

【數 量】32條

【材 料】
A 糯米粉350g、蓬來米粉350g、水450～500g

B 抗黏用：太白粉適量

C 表面著色：食用色素紅色6號適量

【特殊用材】
古錢型粄印模

【作 法】

1 蒸籠水鍋加入八分滿的水煮沸備用。

2 糯米粉、蓬來米粉混合過篩，加水揉搓均勻成粞狀。

3 取生漿粞剝分成小片狀，放入已鋪好濕粿巾的蒸籠內，以大火蒸約30分鐘至熟透。

4 將【作法3】蒸熟的漿粞略揉勻(或用攪拌機攪拌均勻)。

5 手先沾少許水(或太白粉)，捏取【作法4】蒸熟的小漿粞(約60g)，搓揉成圓柱型，表面抹上少許太白粉，放入古錢型粄模中定型，扣出，薄刷上食用紅色素即成錢仔粄；若不壓紋，則為丁粄。

在地米食情

客家錢仔粄的用途是敬神用，丁粄則是祭祖或新墳開青用；數量為吉數一盤(16條)，共兩盤為一對共32條。現今因社會形態改變及人們不再遷就傳統，所以一般拜拜如安神用6條一盤，共二盤12條(還是吉數)。

丁粄的創意吃法
【烤麻糬丸子串】

【作 法】
將丁粄烤或煎軟，刷上味醂再沾裹上味島香鬆，或將丁粄烤或煎軟，刷上海苔醬食用。

漿粞

桃粄。

【作 法】

1 圓糯米、蓬來米洗淨，泡水3～4小時、瀝乾，再與水（2400g）放入研磨機（或調理機）內打磨成生米漿，裝入粿袋、加壓脫水（或用重物加壓出水、壓乾）。

2 蒸籠水鍋加入八分滿的水煮沸備用。

3 取生漿糰剝分成小片狀，放入已鋪好濕粿巾的蒸籠內，以大火蒸約30分鐘至熟透。

4 將【作法3】蒸熟的漿糰略揉勻（或用攪拌機攪拌均勻）。

5 手先沾少許水，捏取【作法4】蒸熟的小漿糰，略壓扁，包入紅豆沙，捏合收口，整型，表面抹勻少許太白粉（或熟玉米粉），放入桃型粿模中，略壓整型，扣出，薄刷上食用紅色素即成桃粄。

【賞味米食Tips】

◆桃粄也可以用不包餡的方式來製作。

◆製作桃粄漿糰時，也可將色素直接加入漿糰中和勻，可省去刷色素的動作。

【數 量】3個

【材 料】

A圓糯米900g、蓬來米300g、沙拉油適量、食用色素紅色適量、水2400g

B內餡：紅豆沙（或綠豆沙）適量

【特殊用材】
桃型粿印模

在地米食情

早期的農業社會，家中添男丁是件家族大事，因此會在元宵節或農曆十月中下旬時於附近廟宇舉辦的廟會活動時，製作新丁粄到廟宇敬謝神明的添丁賜福，而生女兒的人家則會用桃粄來敬謝神明，並祈求神明保佑孩子平安健康。

紅龜粄。

【數 量】5個

【材 料】
A糯米粉300g、細砂糖60g、水200g、食用紅色色素6號適量

B內餡：紅豆沙300g

【特殊用材】
紅龜粿印模、防黏紙(或香蕉葉)

在地米食情

紅龜粄是除夕清晨拜天公、祭祀祖先，以及娶媳婦、作壽、廟會敬神等喜事，常用的糕點供品。

【作 法】

1 蒸籠水鍋加入八分滿的水煮沸備用。

2 將細砂糖加水拌勻至完全溶化，加入糯米粉、紅色色素混合攪拌均勻成生漿糰(圖1-2)。

3 取一小塊漿糰，放入沸水中煮熟成製粿婆，取出，再放回生漿糰中一起揉攪均勻至光滑(圖3)。

4 紅豆沙餡先搓成長條，均分5等份(每個重約60g)，滾圓備用。

5 將【作法3】的漿糰均分成5等份(每個重約100g)(圖4)，略壓扁，包入紅豆沙(圖5)，捏合收口，整型成橢圓球型(圖6)，表面略抹油(圖7)，粿模薄抹上一層油(圖8)，再放入紅龜粿模內，略壓定型(圖9)，扣出平置於防黏紙上(或香蕉葉上)(圖10)，即可移入已預熱的蒸籠內，以小火蒸約25～30分鐘至熟即可。

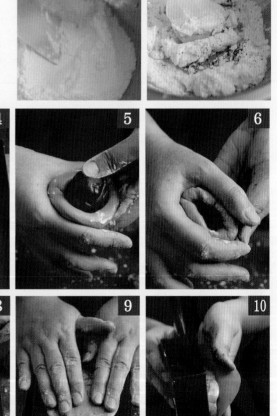

漿糰

紅龜粿

【賞味米食Tips】
◆蒸時火不可太大以免花紋糊掉。
◆也可用熟米糰包餡壓模的方式來製作。

艾粄。

【數 量】6吋2個

【材 料】
圓糯米300g、蓬萊米300g、二砂糖250g、煮熟艾草100g、水800g

【特殊用材】
6吋圓模型、年糕紙(或玻璃紙)

【作 法】

1 圓糯米、蓬萊米洗淨，泡水3～4小時、瀝乾，再與水(800g)放入研磨機(或調理機)內打磨成生米漿，裝入粿袋、加壓脫水(或用重物加壓出水、壓乾)。

2 蒸籠水鍋加入八分滿的水煮沸備用。

3 取生漿糰剝分成小片狀，加入二砂糖搓揉均勻，再放入煮好的艾草一起揉製均勻。

4 將模型先鋪墊一層年糕紙，倒入【作法3】，移置已預熱的蒸籠，以大火蒸約20分鐘後，轉中小火續蒸至完全熟透(不黏筷的狀態)即可，並趁熱於表面抹上一層沙拉油。

在地米食情

傳統上的艾粄是作成甜味，為一整塊狀的，然而沿襲至今不只外形有圓形塊狀的，就連口味上也有改變化，像鹹口味的艾草粄，其內餡多以香菇、蝦米、肉丁及蘿蔔絲等為料，至於甜口味的艾草粄，有的也會包上紅豆沙餡。

【賞味米食Tips】

◆可將揉好的米漿分裝至小型的模型內，入籠蒸製，可縮短蒸製的時間(約1小時左右)。

◆若直接用蒸籠蒸製，蒸籠內部四周要放四個蒸氣透氣竹筒以幫助上氣(蒸氣對流)。

漿糰

艾草粿。

【作法】

1 蒸籠水鍋加入八分滿的水煮沸備用。香菇泡軟切絲；豆乾切小丁；蘿蔔絲洗淨略切；紅蔥頭、蒜頭切末；蝦米洗淨備用。

2 糯米粉、在來米粉過篩均勻，加水攪拌勻成生漿糰；先取一小塊漿糰先入沸水中煮熟成製粿婆，取出，再放回生漿糰中搓揉並加入二砂糖、熟艾草搓揉均勻，續加入沙拉油揉製至光滑。

3 熱鍋加入少許油，以小火爆炒豆乾丁至上色後先盛出；再入油爆炒香紅蔥頭末、蒜末後盛出備用。接著再加入少許油，炒香菇絲、蝦米及蘿蔔絲後，放入五花肉片炒至肉色變白，倒入豆乾丁及炒過的紅蔥、蒜末，以及調味料拌炒均勻即成內餡料。

4 將【作法2】漿糰均分成24等份(每個重約50g)，略壓扁，再包入內餡料，捏合收口，整型成中央有略突起折線的橄欖型，即可平置於防黏紙上。

5 放入已預熱的蒸籠內，以中火蒸約20～25分，過程中需開蓋，如此蒸出的粿型會較挺而不會呈扁平狀。

【數 量】24個

【材 料】

A糯米粉400g、在來米粉200g、水330g、二砂糖100g、煮熟艾草200g、沙拉油30g

B五花肉300g、乾香菇10朵、蝦米50g、豆乾300g、蘿蔔絲100g、紅蔥頭100g、蒜頭5瓣、沙拉油適量

C調味料：醬油30g、鹽適量、白胡椒粉適量

【特殊用材】

防黏紙(粿紙)

【賞味米食Tips】

◆新鮮艾草較不易取得可用乾燥艾草替代。

芋粿巧

【賞味米食Tips】
◆添加蓬來米粉較軟、加在來米粉較硬。

【作法】

1 蒸籠水鍋加入八分滿的水煮沸備用。

2 將芋頭去皮、切丁；紅蔥頭去外皮、切片；蝦米洗淨略切。

3 將材料A的粉料混勻過篩後(圖1)，加水拌勻、揉搓均勻成漿糰(圖2)，鬆弛20～30分鐘(圖3)。

4 熱鍋加入沙許油，爆香紅蔥頭、蝦米，加入芋頭丁拌炒，放入少許的水及調味料燜煮至芋頭丁略軟化，熄火。

5 將炒熟芋頭加入【作法3】漿糰中搓揉均勻成糰(圖4)，均分成24等份(每個重約40g)(圖5)。

6 用手整型成彎月型(圖6)，底部鋪墊上防黏紙，再入蒸籠內，以中大火蒸約25分鐘至熟即可。

【數 量】24個

【材 料】

A 糯米粉240g、蓬萊米粉(或在來米粉)160g、水280～300g

B 芋頭250g、蝦米20g、紅蔥頭30g、沙拉油40g

C 調味料：鹽5g、醬油5g、白胡椒粉適量、五香粉適量

【特殊用材】

防黏紙

芋粿巧。

漿糰

客家菜包。（菜包粿）

也可將地瓜蒸熟混入漿糰

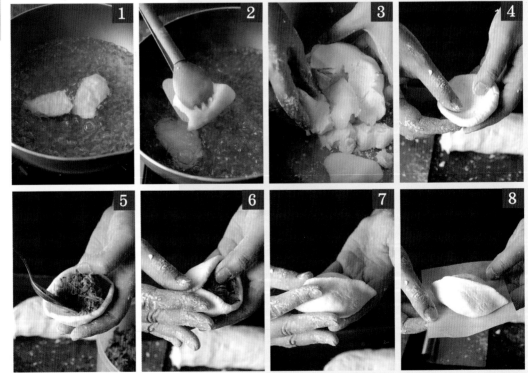

【數　量】20個

【材　料】
A糯米粉400g、在來米粉200g、水330g、沙拉油30g

B五花絞肉200g、乾香菇10朵、蝦米30g、豆乾150g、蘿蔔絲乾150g、紅蔥頭50g、蒜頭約4瓣、沙拉油適量

C調味料：醬油40g、鹽10g、白胡椒粉適量

【特殊用材】
防黏紙

在地米食情

客家菜包，也就是豬籠板，外形因狀似舊時裝豬仔的竹籠，故又稱豬籠板，而又因包餡的關係，也稱作為菜包。

【作　法】

1 蒸籠水鍋加入八分滿的水煮沸備用。乾香菇泡軟切絲；豆乾切小丁；蘿蔔絲洗淨略切；紅蔥頭、蒜頭切末；蝦米洗淨備用。

2 糯米粉、在來米粉過篩均勻，加水攪拌勻成生漿糰；先取一小塊漿糰先入沸水中煮熟成製粿婆(圖1)，取出(圖2)，再放回生漿糰中搓揉均勻，續加入沙拉油揉製至光滑(圖3)。

3 熱鍋加入少許油，以小火爆炒豆乾丁至上色後先盛出；再入油爆炒香紅蔥頭末、蒜末後盛出備用。接著再加入少許油，炒香菇絲、蝦米及蘿蔔絲後，放入五花肉片炒至肉色變白，倒入豆乾丁及炒過的紅蔥、蒜末，以及調味料拌炒均勻即成內餡料。

4 將【作法2】漿糰均分成20等份(每個重約50g)，略壓扁(圖4)，再包入內餡料(圖5)，捏合收口(圖6)，整型成中央有略突起折線的橄欖型(圖7)，即可平置於防黏紙上(圖8)。

5 放入已預熱的蒸籠內，以中火蒸20～25分鐘，過程中需開蓋，如此蒸出的粿型會較挺而不會呈扁平狀。

漿糰

客家菜包

【賞味米食Tips】
◆在來米粉可改用蓬來米粉。
◆也可添加適量的紅麴粉做變化。

芋粿包。

【數 量】20個

【材 料】

A糯米粉300g、蓬來米粉300g、細砂糖20g、水400～420g

B芋頭600g、蝦米60g、乾香菇8朵、紅蔥頭50g、沙拉油80g

C調味料：鹽10g、醬油5g、白胡椒粉適量

【賞味米食Tips】

◆在台灣芋頭產地，從南到北都有種植芋頭的地方，包括北埔、苗栗銅鑼、公館、台中縣大甲、高雄甲仙、屏東高樹等地。

◆若喜歡較軟的口感可用糯米粉400g、蓬來米粉200g的比例來製作。

【作 法】

1 蒸籠水鍋加入八分滿的水煮沸備用。

2 將芋頭去皮、刨絲備用；紅蔥頭去外皮、切片；香菇泡軟後切丁；蝦米略切。

3 熱鍋加入油，爆炒香紅蔥頭、香菇丁、蝦米，加入芋頭絲拌炒勻，加入少許的水及調味料燜煮至芋頭絲軟化、熄火，並將炒好的芋頭絲料分成二等份。

4 將材料A的粉料混合過篩後，慢慢加入水調拌混合、搓揉均勻成糰，再取一份炒熟芋頭絲料加入漿糰中拌勻成糰，並均分成20等份，鬆弛20分鐘。

5 將【作法4】小漿糰，略壓扁、包入炒香芋頭絲料，捏合收口整型成圓球狀，底部鋪墊防黏紙，再放入蒸籠內，以中大火蒸約25分鐘即可。

【賞味米食Tips】

◆可將揉好的漿糰分裝至小型的模型內，入籠蒸製，可縮短蒸製的時間(約1小時左右)。蒸熟後即可分送親友。

◆若直接用蒸籠蒸製，蒸籠底部要鋪年糕紙，內部四周要放四個蒸氣透氣竹筒，蒸約2～3小時。

【作法】

1 圓糯米與蓬來米洗淨，泡水3～4小時、瀝乾，再與水2500g放入研磨機(或調理機)內打磨成生米漿，裝入粿袋、加壓脫水(或用重物加壓出水、壓乾)。

2 五花肉切絲；乾香菇泡軟切絲；蝦米洗淨備用。

3 熱鍋加入油，以小火炒香香菇絲、蝦米，放入豬肉絲拌炒，加入調味料拌炒勻成配料。

4 蒸籠水鍋加入八分滿的水煮沸備用。

5 將【作法1】生漿糰剝分成小片狀，加入【作法3】炒香的配料一起搓揉勻。

6 取模型先鋪墊上年糕紙，倒入【作法5】，再移放入已預熱的蒸籠內，以大火蒸約20分鐘，轉中小火蒸至熟、不黏筷的狀態，即可取出，趁熱於表面抹上沙拉油即可。

【數　量】3個

【材　料】

A 圓糯米900g、蓬來米300g、五花肉300g、乾香菇10朵、蝦米50g

B 調味料：香蔥油、醬油100g、白胡椒粉適量、細砂糖20g、鹽適量

【特殊用材】

6吋圓模型、年糕紙(或玻璃紙)

客家肉粄。(鹹年糕)

在地米食情

肉粄也就是鹹粄(鹹年糕)，是過年應景的美食糕點之一。每到過年時，除了甜年糕及蘿蔔糕外，也會製作摻放蝦米、香菇、肉丁等配料而成的鹹粄。有些婦女會利用過年前酬謝神明後的豬肉來製作鹹肉粄，將過多的豬肉作充分的利用。

紅豆年糕

【賞味米食Tips】
◆若喜歡較硬的口感可用圓糯米400g、蓬
來米200g來搭配使用。

【數　量】2個

【材　料】
圓糯米600g、紅豆200g、二砂糖420g、鹽少許、香蕉油少許

【特殊用材】
年糕紙(或玻璃紙)、6吋圓模型

【作　法】

1 圓糯米洗淨，泡水3小時、瀝乾，再與水(800g)放入研磨機(或調理機)內打磨成生米漿，裝入粿袋、加壓脫水(或用重物加壓出水、壓乾)。

2 紅豆洗淨，加水浸泡約2～3小時後，放入鍋內加入開水煮滾，瀝掉苦水(圖1)，接著再重新加入開水(1500g)慢火煮約40分鐘左右至紅豆軟透，再將多餘的湯汁濾出，趁熱加入二砂糖(300g)拌合均勻(圖2)，即成蜜紅豆。

3 蒸籠水鍋加入八分滿的水煮沸備用。

4 取生漿糰剁分成小片狀，加入二砂糖(120g)(圖3)、香蕉油揉製均勻(圖4)，再加入煮好的蜜紅豆一起揉拌勻(圖5-6)。

5 將模型先鋪墊一層年糕紙，倒入【作法4】(圖7)，移置已預熱的蒸籠內，以大火蒸約20分鐘後，轉中小火續蒸至完全熟透(不黏筷的狀態)即可，並趁熱於表面抹上一層沙拉油。

在地米食情

紅豆年糕，要算是傳統甜年糕的姐妹品，算是一種變化的口味吃法，與甜年糕的用途一樣，也是過年家家戶戶必備的應景糕點，多用於除夕清晨拜天公，以及祭祀祖先的年節盛事上。

甜年糕。

【數 量】2個

【材 料】
圓糯米600g、二砂糖600g、香蕉油適量、水800g

【特殊用材】
年糕紙(或玻璃紙)、6吋圓模型

【作 法】

1 圓糯米洗淨，泡水3小時、瀝乾，再與水(800g)放入研磨機(或調理機)內打磨成生米漿，裝入粿袋、加壓脫水(或用重物加壓出水、壓乾)。

2 蒸籠水鍋加入八分滿的水煮沸備用。

3 取生漿糰剝分成小片狀，加入二砂糖、香蕉油揉製均勻。

4 將模型先鋪墊一層年糕紙，倒入【作法3】，移置已預熱的蒸籠內，以大火蒸約20分鐘後，轉中小火續蒸至完全熟透(不黏筷的狀態)即可，並趁熱於表面抹上一層沙拉油。

在地米食情

年糕又稱甜粿或年粿，習俗上主要是在過年時用來祭拜用；又因本身味道甜美，故也被視為甜蜜圓滿的一種象徵，因此過年時可以看到恭奉神明祖先的桌上多會放上年糕，用作壓年，並祈年年高昇之意。

【賞味米食Tips】

◆可將揉好的漿糰分裝至小型的模型內，入籠蒸製，可縮短蒸製的時間(約1小時左右)。

◆香蕉油可加，也可不加(加香蕉油可添加香氣)。

◆甜年糕可切片煎軟捲炒香的酸菜食用，也可切小條用餛飩皮包成糖果型油炸。

漿糰

發粄。（客家發財粄）

【數　量】依大小

【材　料】
糯米粉300g、低筋麵粉100g、二砂糖300g、水250g、泡打粉10g、酵母粉5g

【特殊用材】
粿巾（蒸籠布）

【作　法】
1 蒸籠水鍋加入八分滿的水煮沸備用。

2 將所有材料混合揉製均勻成漿糰，放入容器內，封上一層保鮮膜，放室溫下靜置約40分鐘。

3 將【作法2】分小糰略搓圓，放置已鋪好濕粿巾的蒸籠內，以大火蒸約20分鐘至熟，取出即可。

【賞味米食Tips】
◆客家人喜歡把客家發財粄壓神桌像一堆金的感覺。

甜湯圓。

【數 量】依大小

【材 料】

A 圓糯米600g、食用紅色色素適量、水800g

B 老薑適量、黑糖適量、水煮熟花生片適量

【作 法】

1 圓糯米洗淨，泡水3～4小時、瀝乾，再與水(800g)放入研磨機(或調理機)內打磨成生米漿，裝入粿袋、加壓脫水(或用重物加壓出水、壓乾)。

2 將生漿糰剝分成小片狀，先取一小塊放入沸水中煮至熟、浮起成製粿婆，取出，再放回生漿糰中搓揉均勻後，分成兩等份，並取一等份加入紅色食素揉成粉紅漿糰。

3 將【作法2】揉好的白漿糰、粉紅漿糰，分別搓成長條狀，分小段，並搓揉成大小一致的圓球狀。

4 鍋內加水煮沸，將搓好的湯圓下鍋煮至浮起，撈取出，瀝乾水分，盛入容器內。

5 另取鍋，放入水、薑末、黑糖，以小火熬煮成薑汁，即可加入湯圓內，舀入水煮熟花生片即成甜湯圓。

漿糰

【作法】

1. 湯圓的製作參考甜湯圓作法1～3。

2. 香菇泡軟切絲；蝦米洗淨；芹菜切末；茼蒿、香菜洗淨備用。

3. 熱鍋加入少許沙拉油，以小火爆香香菇絲、蝦米，放入肉絲拌炒至肉色變白，加入紅蔥油及其他調味料拌炒均勻即成配料。

4. 鍋內加水煮沸，將搓好的湯圓下鍋煮至浮起，撈取出，瀝乾水分，盛入容器內。

5. 將茼蒿菜入沸水略汆燙，取出，放入湯圓內，加入高湯，放入芹菜末、香菜，以及炒好的配料即可。

【數　量】依大小

【材　料】

A 圓糯米600g、食用紅色色素適量、水800g

B 肉絲300g、乾香菇8朵、蝦米60g、大骨高湯適量

C 茼蒿菜數棵、芹菜末適量、香菜適量

D 調味料：紅蔥油適量、醬油適量、白胡椒粉適量、鹽適量

鹹湯圓。

【賞味米食Tips】

◆茼蒿菜、韭菜段、小白菜都是煮客家湯圓最搭的食材，曾吃到店家放高麗菜的怎麼吃都覺得奇怪。

鮮肉大湯圓。

【數量】40個

【材料】

A 糯米粉300g、水210g

B 豬絞肉200g、芹菜末適量

C 大骨高湯適量、茼蒿數棵、芹菜末、香菜

D 調味料：香蔥油適量、白胡椒粉適量、鹽適量

【作法】

1 糯米粉加水拌勻後，揉製成漿糰；將生漿糰剝分成小片狀，先取一小塊放入沸水中煮至熟、浮起成製粿婆，取出，再放回生漿糰中搓揉均勻。

2 將材料B與調味料D攪拌混勻即成內餡。

3 取【作法1】的漿糰先搓揉成長條狀，均分成40小塊(每個重約12g)，略壓扁，包入一小匙內餡，捏合收口，整型成圓球狀，即成鮮肉大湯圓。

4 鍋內加水煮沸，放入包好的鮮肉大湯圓煮至熟、浮起水面，盛取出。茼蒿菜汆燙熟，撈出，盛出備用。

5 取湯碗，放入少許炸過的香蔥油、適量的鹽，以及茼蒿菜、鮮肉大湯圓、大骨高湯，最後放入芹菜末、香菜，灑上白胡椒粉即可。

【賞味米食Tips】

◆ 調拌糯米漿糰的水，要慢慢的加入，不要一次全加完，視軟硬度調整慢慢的加。

【作法】

1 糯米粉加水拌勻後,揉製成漿糰;將生漿糰剝分成小片狀,先取一小塊放入沸水中煮至熟、浮起成製粿婆,取出,再放回生漿糰中搓揉均勻。

2 將材料B攪拌混勻即成芝麻內餡。

3 取【作法1】的漿糰先搓揉成長條狀,均分成35小塊(每個重約15g),略壓扁,包入芝麻內餡,捏合收口,整型成圓球狀,即成芝麻大湯圓。

4 鍋內加水煮沸,放入包好的芝麻大湯圓煮至熟、浮起水面,盛取出。

5 另取鍋,加入水煮沸,放入細砂糖調味煮至完全溶化成糖水,續放入煮好的芝麻湯圓即可(也可加入桂花醬、酒釀)。

【數　量】35個

【材　料】

A 糯米粉300g、水200g

B 黑芝麻粉300g、細砂糖100g、沙拉油(或豬油)適量

C 糖適量、水適量(或桂花醬、酒釀)

芝麻大湯圓。

【賞味米食Tips】

◆糖水依個人喜愛甜度調製。煮糖水時,也可以加入冬瓜糖一起熬煮,風味更佳。

◆芝麻內餡,也可以改用市售的紅豆餡、胡麻餡、芋頭餡、山藥餡、抹茶餡等來變換不同的口味。

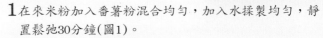

米苔目。

【數　量】約6人份

【材　料】
在來米粉500g、番薯粉
100g、水400g
甜口味、鹹口味：可參見
鹹甜湯圓配料食用

【特殊用材】
米篩目板

【作　法】

1　在來米粉加入番薯粉混合均勻，加入水揉製均勻，靜置鬆弛30分鐘(圖1)。

2　鍋內加入約八滿的水煮沸，轉中火，並於鍋上架置上米篩目板，再取漿糰放於米篩目板上搓擦(圖2)，致使漿糰形成細條狀，落入鍋內煮製，煮製過程中，邊以杓子輕撥動(圖3)，好讓米苔目能順勢漂動，不會黏結在一塊，煮至米苔目浮起至熟。

3　將煮熟的米苔目撈起，迅速放入冷開水內漂涼(圖4)，讓熱度急速下降至冰涼為止。

【食用方法】

【甜點作法】
甜味冷食吃法，可加冰糖水或各式甜湯一起食用，如花生湯、紅豆湯等。

【鹹食作法】
米苔目放入爆香佐料，可成湯類米苔目或者也能像乾麵般拌著食用。

漿糰

米苔目

【賞味米食Tips】

◆製做米苔目時用的米篩目板易生鏽，建議也可用擦絲板替代。

◆專業用為擠絲機。食品加工使用的器具以不生鏽材質較佳以免污染。

糕餅類

美味的糕粿米食，究竟有多少種的樣貌？
肉粽、米糕米粒類，水粄、碗粿米漿類，
及麻糬、年糕漿糰類三大種類外，
還有米乾、糕粉等多樣口味的型態，
鬆糕、米香等各式各樣饒富驚喜的吃法，
讓你盡享米食千變萬化的樂趣。

用來製作糕粿的模具，主要可分爲粿模、糕模、餅模、糖模四大類。其材質除了古時以木製爲主的以外，另外還有鋁製、不鏽鋼、鐵弗龍及塑膠等，大小尺寸繁多，圖案樣式也各有不同。

【粿模】

又稱粿印或餅印，是製作糕粿時所使用的印模工具，也是古時家家戶戶必備的器具。粿模的規模有大有小，圖案的樣式會也因點心種類而有不同圖紋，一般橢圓形大多爲龜甲紋，也就是俗稱的紅龜粿的模型，其他也有雕以錢幣、魚或桃子等象徵壽比南山及福壽吉祥意義的圖案。

【糕餅模】

傳統糕餅模
樣式圖紋千姿百態，不論是菊花花紋、彎曲扇形或魚形、銀圓花紋，多以福壽吉祥氣息環繞，洋溢濃濃喜氣之意。

壓擠式月餅模
簡便好操作，易脫模，且製作出的花紋明顯。成組含括基座以及不同的樣式圖案可供變化，非常適合初學者使用。

【糕粿餅模選購＆保養】

一般糕粿餅模，多以木頭爲材質，厚實耐用的木質餅模，不易有裂痕，在養護及使用得宜的情況下，可延用相當長的時間。對於剛購回的木質粿模，可用沙拉油先浸泡幾天，讓模充分吸入油分，形成保護膜，能延長使用的年限。在每次使用完後，應澈底的清洗乾淨，特別是刻紋的地方，容易有夾粉屑的情形，要格外注意，清洗乾淨後，放通風處陰乾(不宜曝曬會受損)，即可收妥。

黑糖米香。

【數　量】糖果盤1盤

【材　料】
A 日式米果粒300g、熟花生片150g、無鹽奶油20g

B 水麥飴100g、二砂糖50g、西點轉化糖漿100g、黑糖100g、水70g、鹽3g

C 黑砂糖露5g

【特殊用材】
糖果盤（長35cm×寬25.5cm×高1.5cm）

【作　法】

1 將日式米果粒、熟花生片、無鹽奶油放入預熱烤箱，用100℃保溫備用（較易與糖漿拌勻）。

2 鍋內放入材料B以小火加熱煮至約125℃（圖1-2）。

3 續加入保溫備用的【作法1】及黑砂糖露迅速拌勻（圖3-4），入模、整型（圖5），趁熱切塊（圖6），包裝即可。

【賞味米食Tips】

◆糖漿熬煮時不用過度攪拌以免返砂（結晶）。

◆黑砂糖露是一種濃縮香料，可增添風味，也可不加。

◆二砂糖較適合用於製作這道點心，若使用細砂糖，風味無法表現。

【數 量】糖果盤1盤

【材 料】

A 日式米果粒300g、熟南瓜子70g、無鹽奶油20g

B 水麥飴200g、細砂糖150g、水120g、鹽3g

C 五寶果80g

【特殊用材】
糖果盤(長35cm×寬25.5cm×高1.5cm)

五寶果米香。

【作 法】

1 將日式米果粒、熟花生片、無鹽奶油放入預熱烤箱,用100℃保溫備用(較易與糖漿拌勻)。

2 鍋內放入材料B以小火加熱煮至約125℃。

3 續加入【作法1】及五寶果迅速拌勻,入模、整型,趁熱切塊,包裝即可。

【賞味米食Tips】

◆此道點心也可以大喜餅固定型當做伴手禮(類似結婚米香);糖果類易受潮,要注意保存。

◆趁熱切製不僅切口較整齊、較美觀,花生片也較不易脫落,所以最好趁著溫熱時包裝好。

◆除了米果粒,還有一種米乾可供使用,但不易購得且使用時要用油炸,較不方便。

紅豆鬆糕。

【數　量】8吋心形模1個

【材　料】

A 在來米粉250g、糯米粉300g、糖粉150g、溫水約250g

B 蜜紅豆200g、紅豆沙150g、木瓜絲適量

【特殊用材】

8吋心形模、蒸籠紙

【作　法】

1 將在來米粉、糯米粉、糖粉先加入溫水拌勻，再過篩均勻成細粉末狀(圖1-2)。

2 取竹蒸籠或模型先於內部四周薄擦一層油，再鋪墊入一層蒸籠紙，依序鋪入一層粉料(圖3)、蜜紅豆(圖4)，再鋪入一層料粉(圖5)，中間再放入已搓成圓條狀的紅豆沙，以繞圓的方式擺好(圖6)，續鋪入一層粉(圖7)、蜜紅豆，再鋪入一層粉蓋滿，壓緊實。

3 最後於表層灑上木瓜絲(圖8)，放入已蒸熟蒸籠。

4 以大火蒸約30～40分鐘。

紅豆鬆糕

【賞味米食Tips】
◆木瓜絲為點綴用。也可以利用其他的
蜜漬果乾，像漬櫻桃切碎來裝點。

鳳片糕。

【數　量】6個

【材　料】

A 熟糯米粉300g、香蕉油、食用紅色色素適量

B 細砂糖400g、水200g、麥芽糖50g

C 內餡：豆沙300g(各式口味均可)

【特殊用材】

糕餅粿模

【作　法】

1 鍋內放入糖、水加熱煮沸後，加入麥芽糖充分拌融，降溫待冷卻備用。

2 將熟糯米粉過篩後，加入【作法1】的糖水拌勻並調節軟硬度，接著加入香蕉油、食用紅色色素拌勻，鬆弛約30分鐘。

3 將鬆弛好的粉糰搓揉長條後，均分成6等份。豆沙餡搓長條，均分成6等份。

4 取粉糰分別搓圓、略壓扁，包入豆沙餡，捏合收口，放入模型內，略按壓緊定型，再扣出即可。

【賞味米食Tips】

◆鳳片糕一般做壽龜、壽龜桃型，若手邊有月餅模也可利用製做較小的鳳片糕。

糕餅

豬油糕。

【作法】

1 取熟糯米粉、糖粉混合過篩後，加入細花生粉、豬油拌合均勻。

2 將【作法1】拌勻的粉料再過篩均勻成鬆散狀。

3 將【作法2】的粉料放入模型內，略壓緊實、定型，再扣取出。

4 放入已鋪墊好蒸籠布的蒸籠內，以小火蒸約3分鐘即可，待冷卻取出。

【賞味米食Tips】

◆利用各式推模製做，可直接扣出較方便。

◆細花生粉也可用黑芝麻粉、杏仁粉、綠豆粉、梅子粉等變化口味。

◆綠豆粉需先烤香再使用。

【數　量】視模型大小

【材　料】
熟糯米粉300g、細花生粉（或烤香綠豆粉)180g、糖粉270g、豬油200g

【特殊用材】
糕餅模型、蒸籠布

冰皮月餅

【賞味米食Tips】
◆可將皮的部分添加抹茶粉變化成抹茶口味。
◆鬆弛的時間若不夠久會無法包製。

【作法】

1 熟糯米粉、糖粉過篩後(圖1),加入水(圖2)、白油
攪拌均勻至光滑(圖3)、鬆弛約30分鐘(圖4)。

2 將拌勻的糕糰均分成36等份;紅豆沙均分成36等份
(圖5)。

3 將糕糰搓圓、略壓扁,再包入紅豆沙(圖6),捏合
收口(圖7)、略拍手粉(圖8),置入月餅模內,略按
壓緊定型(圖9),扣出即可(圖10)。

【材 料】

A 熟糯米粉200g、糖粉
200g、水200g、白油(或奶
油)45g

B內餡:紅豆沙600g(各式
口味均可)

【特殊用材】
月餅模

冰皮月餅。

也可用傳統木刻模製作

國家圖書館出版預行編目資料

客家媽媽教你做粿—米食的在地美味/黃春慧作 ; --初版. --臺北縣中和市：膳書房文化 2009.12 面；公分. -- (高手系列：55)

ISBN 978-986-6868-43-6 （平裝）
1.點心食譜

427.16　　　　　　　　98021789

高手系列55

客家媽媽教你做粿—米食的在地美味

◉作　　者：黃春慧　◉發 行 人：梁瓊白　◉總策劃：方　非

◉主　　編：蘇雅一　◉美術主編：林欣怡

◉出版發行：膳書房文化事業有限公司 Gourmand Press

◉地　　址：台北縣中和市中山路2段362-3號10樓

　　　　　　10F, No. 362-3, Sec2 Jungshan Rd. Jhunghe City, Taipei County, Taiwan

◉電　　話：(02)2242-9627．2242-6978　◉傳　　真：(02)2244-1903

◉E－mail：procook@ms46.hinet.net　◉劃撥帳號：19203013 膳書房文化事業有限公司

◉登 記 證：北縣商聯乙字第09802326號

◉總經銷：聯合發行股份有限公司　◉電　　話：(02)2917-8022　◉傳　　真：(02)2915-6275

◉香港總代理：泛華發行代理有限公司

　地　　址：香港筲箕灣東旺道3號星島新聞集團大廈3樓　◉電　　話：(852)2798-2323

◉印　　刷：立德印刷股份有限公司　◉製　　版：台欣彩色印刷製版股份有限公司

◉初　　版：2009年12月

◉定　　價：300元

購買圖書5大方法：

●書店購買--全省誠品、金石堂、何嘉仁等連鎖書店
●網路購買--雅事文化公司網站 http://www.yesworld.com.tw
●博客來購買--利用網路至博客來網路書店購買 http://www.books.com.tw
●郵局劃撥購買--按定價劃撥，免郵資。（戶名/膳書房文化事業有限公司 帳號/19203013）
●至本公司購買--台北縣中和市中山路2段362-3號10樓，現金不刷卡，8折優惠

高手系列

23557
台北縣中和市中山路2段362-3號10樓
膳書房文化事業有限公司

■電 話：（02）2244-2229
■傳 真：（02）2244-1903
■E-mail：procook@ms46.hinet.net

請 沿 虛 線 對 折 、 裝 訂 ， 直 接 投 入 郵 筒 ， 謝 謝 ！

Welcome
歡迎光臨－我們的網站
http://www.yesworld.com.tw

看書 所有的出版品盡在其中

買書 給您最特別的折扣

交流 與我們的作者最直接的對談

情報 好書特賣訊息的情報站

英雄帖

您是滿懷理想的創作者嗎？
您是作品豐富卻懷才不遇的大作家嗎？
我們需要您的加入，讓我們的出版品更豐富。
要出書？帶著您的企劃與作品，請與我們聯絡吧！

讀者俱樂部成員好康分享

＊會員線上購書優惠

＊特價書區利多大放送

讀者回函卡

花一點時間，寄回寶貴意見，感恩喔！

為貼近讀者需求、提供更優的服務，編輯渴望知道讀者的想法，這是一塊完全屬於
讀者的園地，不要客氣，歡迎各位說說寶貴意見，然後一要記得寄回來！

購買書籍名稱/客家媽媽教你做粿─米食的在地美味

讀 者 資 料

姓名/

聯絡電話/（住宅）　　　　　　　　（公司）　　　　　　　　　（手機）

性別/□男　□女

生日/　　年　　月　　日

E-mail/

地址/

想聽聽你對本書的意見：

1. 你是從何種管道購買本書的？
□書店　□大賣場　□網路書店　□劃撥
其他＿＿＿＿＿＿＿＿＿＿＿＿＿

2. 你為什麼要購買本書？
□生活需求　□對下廚有興趣　□工作需求
□被議題吸引　□純欣賞　□送親友
其他＿＿＿＿＿＿＿＿＿＿＿＿＿

3.吸引你購買食譜書的因素？
□實用性高　□作者知名度　□價位　□印刷編排精美
其他＿＿＿＿＿＿＿＿＿＿＿＿＿

4.本書設計的食譜你覺得？
□做成功的機率高　□實用性高　□內容太過簡單
□做不出來　其他＿＿＿＿＿＿＿＿

5.本書的封面設計你覺得如何？
□精美具吸引力　□不喜歡　□沒印象
□不夠活潑現代　其他＿＿＿＿＿＿

6.本書的內頁編排、圖片攝影如何？
□舒服美觀　□雜亂　□字體太小　□太呆板
□閱讀不便　其他＿＿＿＿＿＿＿＿

7.你最想購買關於哪方面的食譜議題？
□中餐烹調　□西餐烹調　□日韓料理　□點心
□簡單創意食譜　□健康飲食　□創業開店資訊
其他＿＿＿＿＿＿＿＿＿＿＿＿＿

8.哪位烹飪作者的書你最喜歡買？（可以多位）
說明＿＿＿＿＿＿＿＿＿＿＿＿＿

9.你會繼續購買本系列相關書籍嗎？
□會　□不會　為什麼？＿＿＿＿＿

10.你可以接受的食譜書價位為？
□400～350元　□350～300元　□300～250元　□200
元以下　其他＿＿＿＿＿＿＿＿＿

11.你覺得本公司的書籍很容易購買得到嗎？
□很容易　□很難買到　□偶爾買不到
其他＿＿＿＿＿＿＿＿＿＿＿＿＿

12.你對本書或本公司的其他建議
說明＿＿＿＿＿＿＿＿＿＿＿＿＿

請沿虛線剪下對折寄回